Dr. Christoph Schubert-Weller

Die Zukunft der Sterndeutung

Standardwerke der Astrologie

Dr. Christoph Schubert-Weller

Die Zukunft der Sterndeutung

Steht die Astrologie vor einem Paradigmenwechsel?

ISBN 978-3-89997-286-3

Umschlag: Judith Machnow, Tübingen
Druck: SDL, Berlin

Zu beziehen über:
Chiron Verlag, Postfach 1250, D-72002 Tübingen
www.chironverlag.de

Inhalt

1. Einleitung

Astrologen sind schon traditionell sehr an der Zukunft interessiert. Durchweg alle Astrologen machen Prognosen anhand des Horoskops, auch dann, wenn sie ausdrücklich Prognosen ablehnen, da sie darin eine unzulässige Festlegung des Horoskopeigners sehen. In ungefähr jeder zweiten Beratung wird irgendeine noch unentbundene, noch unbewusste und oft verheißungsvolle Anlage im Horoskop des jeweiligen Ratsuchenden namhaft gemacht. Das *ist* bereits eine Form von Prognose. Und was dann nach der Beratung beim Klienten geschieht, darf man getrost als sich selbst erfüllende Prophezeiung betrachten, diesmal in einem guten Sinn. *Zukunft* ist sowohl das tägliche Arbeitsfeld als auch ein Gesamtsinn aller Astrologie.

Und darum ist es recht seltsam, dass so gut wie niemand nach der Zukunft der Astrologie fragt. Das liegt vielleicht daran, dass es kein Radix-Horoskop der Astrologie gibt, auf das man sich beziehen könnte. Und vielleicht glaubt ja mancher Astrologe, man müsse sich keine Gedanken um die Zukunft des Faches machen, solange er selber das Fach aktiv vertritt.

Im Ernst: Ich blicke im Jahr 2021, da ich dies schreibe, auf 45 Jahre persönlicher Geschichte mit der Astrologie zurück, davon bald 30 Jahre als Berufsastrologe. Ich bin dankbar, dass ich in eine Blütezeit der Astrologie hineingeboren worden bin. Ich bin dankbar für den intensiven Austausch, den ich mit zahlreichen Kolleginnen und Kollegen pflegen durfte. Ich bin dankbar auch für den mit Kontroversen gesättigten Gehalt der Astrologie, der mir manches Streitgespräch mit Theologen und Wissenschaftlern eingetragen hat. Und ich bin dankbar, dass mein berufliches und persönliches Umfeld mir meinen urprinzipiellen[1] Querkopf nie wirklich übelgenommen hat.

---

[1] Das Wort »urprinzipiell«, hat, soweit ich blicke, Rüdiger Dahlke erfunden (KRANKHEIT ALS SYMBOL. München. 1996). Mir gefällt das Wort sehr.

Und damit bin ich beim Thema. Ich frage mich seit einigen Jahren, ob die Astrologie als Fach vor einem Paradigmenwechsel steht. Jedes Fach vertritt ein gewisses »Paradigma«, ein Modell, das bestimmten Standards des zur Lösung von Problemen nötigen Fach- und Verfügungswissens folgt. »Parádeigma« ist im Altgriechischen ein Begriff, der so viel wie »Vorbild«, »Muster« bedeutet, aber auch »warnendes Beispiel«.

In der Astrologie gilt derzeit weitgehend das »psychologische Paradigma«, das sich mit Begriffen wie »Aussagegrenze«, »selbstbestimmender Faktor«, »Freiheit vom Schicksalszwang« verknüpft. Nicht zuletzt diesem Paradigma verdankt die Gegenwartsastrologie ihren Erfolg. Das »psychologische Paradigma« folgte vor etwa 100 Jahren einem stark schicksalsbetonten Paradigma.

Wann steht für ein Fach ein »Paradigmenwechsel« an? Ein solcher Wechsel steht an, wenn das noch geltende Paradigma sich deutlich in seiner Fähigkeit zur jeweiligen Problemlösung erschöpft. Es treten gehäuft Schwierigkeiten und Anomalien auf. Man darf dabei nicht erwarten, dass dieser Wechsel glatt vonstattengeht. Zunächst werden die Schwierigkeiten ignoriert, später wegdiskutiert, bis dann – meist von einem Außenseiter – eine ganz neue, revolutionäre Theorie erarbeitet wird, die die bisherigen Fundamente erschüttert. Aber das neue Paradigma setzt sich erst dann durch, wenn es hinreichend mit den Fakten kompatibel ist und einen triftigen Ersatz für das alte Paradigma darstellt. Und es muss von der Mehrheit der jeweiligen Community akzeptiert werden. Im Klartext: Die »alte Garde«, die unter dem zur Disposition stehenden obsolet gewordenen Paradigma ihre großen wissenschaftlichen Erfolge feiern konnte, sollte ihre Definitionsmacht bereits abgegeben haben und im Ruhestand sein.[2]

In der Astrologie geht es ein wenig lockerer zu, weil sie kein akademisches Fach ist, weil Profilneurosen, fachinternes Konkurrenz-

---

[2] Vgl. für diese 16-Zeilen-Schnellparaphrase insgesamt: Thomas S. Kuhn: Die Struktur wissenschaftlicher Revolutionen. Frankfurt M. 1967 (zuerst amer. 1962).

denken und Kollegenneid in der Regel keine große Rolle spielen. – Die Astrologie der Gegenwart ist nicht schon an der Stelle, dass sich ihr (weitgehend) geltendes psychologisches Paradigma sichtbar in Auflösung befände. Aber es gibt meiner Einschätzung nach eine Reihe von Indizien dafür, dass die Astrologie von ihrer Substanz lebt und diese demnächst aufgezehrt hat. Die Astrologie ist auch nicht schon an der Stelle, da unversehens jemand mit einer neuen bahnbrechenden Theorie, einem revolutionären Ansatz aufwarten könnte. Aber auch hier gibt es Indizien, wie ich finde, Ideen, die sich zu einem innovativen Ansatz verdichten könnten. Und es gibt, wie ich meine, einige Versäumnisse, die den Entwicklungsweg der Astrologie behindern und die in die Verantwortung der astrologischen Fachgemeinde fallen. Und, ja! Es gibt auch in der Astrologie das Phänomen der »Alten Garde« – all jene, die unter dem Paradigma der Psychologischen Astrologie erfolgreich arbeiten und gearbeitet haben. Namen werden natürlich nicht genannt, nur so viel: Der Autor dieser Zeilen gehört vermutlich auch dazu. Also bitte, ein bisschen Respekt und gesteigerte Innovationsbereitschaft!

Ich werde somit im Folgenden für ganz unterschiedliche Themenbereiche und im Zusammenhang mit ganz unterschiedlichen Erscheinungsformen der Sterndeutung immer wieder nach dem Standort und dem Zustand der Gegenwartsastrologie fragen. Darin ist immer auch die Frage nach der Möglichkeit eines Paradigmenwechsels enthalten. Von Thomas Ring habe ich das schöne Wort »Blickumstellung« gelernt. Ich verwende es hier synonym mit dem Begriff des »Paradigmenwechsels«.

Christoph Schubert-Weller | *Bodman, im August 2021*

2. Astrologie in der Gegenwart – oder die außergewöhnliche Erfolgsstory eines Randfachs

Die Astrologie ist bis heute ein Randfach. Im Mainstream der akademischen Vernunft geht sie ohne Weiteres unter. Astrologie ist eine unter vielen Varianten der Menschenkunde. Die populären spirituellen und philosophischen Überzeugungen des postreligiösen Menschen unterstellen der Astrologie nach wie vor einen Hang zu Fatalismus und Determinismus. Spiritualität im Äon des Wassermanns hingegen pocht auf die freie Wahl von Glauben und Unglauben.

Und doch hat die Astrologie während des gesamten 20. Jahrhunderts eine erstaunliche Karriere hingelegt, eine Karriere, die Weltkriege und Diktaturen zwar zu verzögern, aber nicht wirklich zu stoppen vermochten. Spätestens seit den 70er-Jahren erlebt die Astrologie nachgerade einen Boom. Dazu einfach einige Zahlen und Beispiele aus dem mitteleuropäischen Raum:

Um die Wende zum 20. Jahrhundert kannte vielleicht einer unter 5000 Erwachsenen sein persönliches Sonnenzeichen. Heute kennt (fast) jeder sein Sonnenzeichen und meist auch seinen Aszendenten!

1955 gab es in der damaligen Bundesrepublik Deutschland genau eine astrologische »Schule«, die eine Ausbildung in Astrologie anbot. Um die Jahrtausendwende waren es schätzungsweise 40 »Schulen«, die meist nebenberufliche Ausbildungsgänge und Einzelseminare boten.

Dieses Angebot ist meist auf Studierende zugeschnitten, die später selbst als professionelle Astrologen arbeiten möchten. Die Zunahme astrologischer Ausbildungsangebote spiegelt die Zunahme selbstständiger professioneller Beratungsangebote und zugleich natürlich auch den wachsenden Beratungs*bedarf* wider.

Die wachsende Zahl von Beratungsanbietern sorgte mittel- und langfristig für einen außergewöhnlichen Zuwachs an astrologischer Fachliteratur. Professionelle Berater kumulieren Erfahrungen, die sich mit bisherigen Deutungsstandards decken oder ihnen widersprechen. – So oder so, darüber wird in Fachveröffentlichungen geschrieben. In den 50er-Jahren gab es als Anbieter im Wesentlichen den Baumgartner-Verlag in Warpke-Billerbeck im niedersächsischen Landkreis Lüchow-Dannenberg sowie den Ebertin-Verlag in Aalen. Andere Verlage betteten einige wenige Astrologica in ihr sonstiges Programm ein. »Fachliteratur« war bis in die 70er-Jahre hinein nicht immer leicht zu beschaffen. Dass sich das geändert hat, hängt einerseits mit der Professionalisierung der Astrologieszene zusammen, andererseits aber auch mit den in den 70er-Jahren entwickelten Standards im Buch- und Verlagswesen (Einführung der ISBN usw.).

Das Wirken weiterer verlegerischer Initiativen in der astrologischen Szene kann nicht genug gewürdigt werden: Zu nennen sind neben der astrologischen Pionierarbeit der *Kailash-Buchreihe* im damaligen Münchener Hugendubel-Verlag (Siebzigerjahre) der *Chiron Verlag* (seit 1985), der Verlag *Astronova* (seit 2000) und die *Edition Astrodata*, die drei bedeutendsten, auch heute bestehenden Astro-Fachverlage mit der relativ höchsten Anzahl von Titeln.

Das Ausbildungsangebot wird auch von Interessierten wahrgenommen, die sich mit dem Denk- und Deutungssystem der Astrologie, mit ihrer Bildersprache vertraut machen möchten, ohne deswegen als Astrologen arbeiten zu wollen. Wenn Bildung leicht(er) zugänglich wird, treten wie selbstverständlich die Neugierigen auf den Plan und sorgen für einen weiteren und breiteren Anstieg des Bildungsgrades.

Eigens sollte man hervorheben, dass die Astrologen überhaupt beraten gelernt haben: Astrologische Gutachten bzw. Konsultationen haben spätestens seit den 70er-Jahren den Ton der Schicksalsverkündung aufgegeben. Die astrologische Beratung macht Wahlmöglichkeiten sichtbar. Sie bereitet Entscheidungen vor, aber nimmt sie dem Ratsuchenden nicht ab. Zugrunde liegt die »Blickumstellung«, die die psychologische Astrologie seit Mitte der 20er-

Jahre vollzogen und in der gesamten astrologischen Gemeinschaft eingefordert hatte: den Blick weg von der ehernen Schicksalszuschreibung durch das Horoskop und hin zu den horoskopisch gegebenen Möglichkeiten von Schicksalsgestaltung. Damit einher ging und geht die Bewusstmachung von Aussagegrenzen des Horoskops.

Schon zwischen den beiden Weltkriegen gab es eine beachtliche Blüte der Astrologie in Deutschland und Europa, auf welcher der Boom seit den 70er-Jahren inhaltlich und organisatorisch aufbaute. In Deutschland litt allerdings die Astrologie vor allem unter der Verfolgung durch das Dritte Reich.

Von C. G. Jung stammt die optimistische Prognose »Die moderne Astrologie nähert sich mehr und mehr der Psychologie und klopft bereits vernehmlich an die Tore der Universitäten.«[3] In der Tat sahen und sehen manche Astrologen eine ihrer dringlichen Aufgaben in einer Etablierung der Astrologie an den Universitäten. Im Zeitalter der Reformation und in der frühen Neuzeit, als Astronomie und Astrologie noch als Einheit galten, war dies kein Problem. Diese Einheit zerbrach im Zug der Aufklärung. Sie ist nie wieder hergestellt worden. Die Astrologie geriet im 17. Jahrhundert in eine Krise, als sich das mathematisch-mechanistische Weltbild Isaac Newtons durchzusetzen begann. Zunehmend wurde die Astrologie von den Universitäten verdrängt.[4]

Im angelsächsischen Raum gibt es bei den dortigen privatwirtschaftlichen Möglichkeiten, Bildung anzubieten, inzwischen tatsächlich akademische Studiengänge, die ein breites Wissen in Astrologie und deren Nachbardisziplinen bieten, einmal in Großbritannien an der *University of Wales* sowie am *Kepler College* im Staat Washington, USA[5].

---

[3] Zit. n. https://www.astro.com/astrowiki/de/Carl_Gustav_Jung - Abruf am 20.07.18).

[4] Vgl. Kocku von Stuckrad. Geschichte der Astrologie. Von den Anfängen bis zur Gegenwart. München 2007 (zuerst 2003), S. 264–266.

[5] Vgl. https://www.uwtsd.ac.uk/ma-cultural-astronomy-astrology/ - Abruf am 20.07.2018) sowie https://keplercollege.org/ - Abruf am 20.07.2018.

Allzu viel kann sich die Astrologie auf diese zwei Fälle nicht einbilden, in denen die Akademisierung des Fachs Astrologie geglückt ist. Ansonsten dominiert im akademischen Umfeld eine eher streng ablehnende Haltung gegenüber der Astrologie. Das hat viel zu tun mit den beiden Grundhypothesen der Astrologie, dass 1.) die Zeit ein spezifisches Muster von Qualitäten besitze und nicht nur fortlaufend sich verbrauchende Quantität sei und dass 2.) diese Qualität aus dem Wandel der Planeten im Sonnensystem erkennbar bzw. ableitbar sei. Die Triftigkeit dieser Hypothesen kann sich der akademische Naturwissenschaftler derzeit (noch) nicht vorstellen.

An dieser Stelle sollten wir auch C. G. Jungs oben zitierte Einlassung etwas näher in Augenschein nehmen. Für C. G. Jung führt der Pfad zu akademischer Kenntnisnahme der Astrologie über die Psychologie. Eine Nachbarschaft von Astrologie und Psychologie lässt sich durchaus im Bereich der Charakter- und Menschenkunde erkennen, eventuell noch für das Gebiet Partnerschaft und Beziehung. Aber die bedeutenden Felder etwa der astrologischen Prognose oder der Mundanastrologie finden keine Entsprechung in der (akademischen) Psychologie. Noch weit mehr gilt das für die zahlreichen spirituell getönten Modelle astrologischer Deutung, für karmische bzw. esoterische Ansätze der Astrologie. Von daher ist überhaupt fraglich, ob die Astrologie auf dem Ticket der Psychologie nach akademischer Kenntnisnahme streben soll. Auf diesem Ticket gelten nämlich auch nur die eingeschränkten Beförderungsbedingungen der akademischen Welt! Zwar ist der Astrologie in den USA und in Großbritannien die Ansiedlung in akademischen Nischen geglückt, was auch mit einer liberaleren bildungspolitischen Haltung dieser Länder zu tun hat. Das sollte man aufrichtigerweise zur Kenntnis nehmen. Was der Astrologie aus akademischer Sicht fehlt, ist eine klare Theorie, die erstens die vielfältigen vorliegenden Belege und Einzelbeweise für die Astrologie zusammenfasst und aus der zweitens die komplexe astrologische Deutungspraxis ableitbar ist. Ja, der Kosmos arbeitet mit »Uhren«, ja, diese Uhren des Kosmos könnten auch »Bedeutung« anzeigen, könnten auch nach dem Mond und der Astrologie gehen. Das sind für einzelne

Akademiker durchaus denkbare Hypothesen. Allerdings ist es von diesen Hypothesen bis zur wissenschaftlich stichhaltigen Begründung der Astrologie noch ein weiter Weg.

Und auf diesem Weg liegen auch Spott und Hohn und radikale soziale Ausgrenzung, wenn ein Mitglied der akademischen Community sich überhaupt an das Thema Astrologie heranwagt. Freiheit von Lehre und Forschung? Die Freiheit von Lehre und Forschung ist in der akademischen Welt frühestens dann garantiert, wenn man sich mehrheitlich vorstellen kann, dass an einer Hypothese, an einer Überzeugung, an einer populären Theoriebildung usw. »was dran ist«. Aus verschiedenen (und nicht nur rationalen) Gründen ist die Triftigkeit der Astrologie für den Durchschnittswissenschaftler nicht vorstellbar. Wir werden darauf noch zurückkommen.

Der »Boom der Astrologie« hat die akademische Welt nicht weiter berührt. Der Boom war vor allem ein »Publicity-Boom«. Die Astrologie wurde schrittweise »bekannter« und »professioneller«, sie legte das Odeur der Wahrsagerei in der Wohnzimmerpraxis ab, umgab sich mit den Designermöbeln der Seriosität, schulte sich in klientenzentrierter Zuwendung. Hinzu kam mit zunehmender Privatisierung die Öffnung der Funkmedien für eine populäre Astrologie. Gleichzeitig nahm das Misstrauen in der Gesellschaft gegenüber einer womöglich sektiererisch-dogmatischen Astrologie spürbar ab.[6]

---

[6] Das lässt sich am Verhältnis zwischen Astrologie und Kirchen bzw. Theologie zeigen. Noch in den 80er-Jahren war man einander ziemlich fremd, und kirchliche bzw. theologische Veröffentlichungen ließen bis auf wenige Ausnahmen kein gutes Haar an der Astrologie. Oft enthielten diese Veröffentlichungen gravierende Fehler. Ich habe 1988 versucht, diese gegenseitige Fremdheit und Sprachlosigkeit konstruktiv zu überwinden, vgl. dazu meinen Dreiteiler »Die Kirchen und die Astrologie«, in MERIDIAN 1–3/1988). Ebenso konstruktiv antwortete Siegfried Böhringer von kirchlicher Seite (ASTROLOGIE. KOSMOS UND SCHICKSAL. Stuttgart/Mainz 1990), es folgte meine Monografie SPRICHT GOTT DURCH DIE STERNE? (München 1993). Spätestens da war deutliche Entspannung angezeigt. Aus christlicher Sicht sprach bereits 1980 der Benediktinerpater Gerhard Voss zugunsten der Astrologie (ASTROLOGIE CHRISTLICH. Regensburg 1980). Voss lehnt alle Prognosen als bedeutungslos für den christlich glaubenden Menschen ab und lässt vorwiegend eine psychologisch deutende Astrologie gelten.

3. Schwerpunkte und Grenzen der astrologischen Forschung

Wo setzen die heutigen Astrologen die Schwerpunkte ihres Interesses an Astrologie? Worüber denken Astrologen in Bezug auf ihr Fach nach. Und worüber nicht?

Überwiegende Arbeit am »Lexikon«

Die Astrologie von heute ist im Wesentlichen eine Astrologie der Praxis. Die Ausbildung zielt auf den Gebrauch, die Anwendung der Astrologie in der Beratungspraxis ab. Die weitaus meisten fachastrologischen Publikationen beziehen sich auf die »Ausgestaltung und Verfeinerung des Lexikons«. Zu diesen Erweiterungen des »Lexikons« rechne ich auch die schul- und systemspezifischen Veröffentlichungen, die sich im weitesten Sinn um eine Deutung unter speziellen Bedingungen drehen. Astrologie ist zu einem großartigen Detail- und Spezialwissen geworden, zu einem Schatzhaus an Standard- und Einzeldeutungen, an Anwendungsbeispielen. Aber damit ist die Astrologie auch zu einem Feld allgemeiner Kurzsichtigkeit und Kleinschrittigkeit geworden. Die meisten Astrologen befassen sich mit der Detaildeutung und schreiben darüber: Monografien über astrologische Häuser, Monografien über Faktoren und Planeten, über Aspekte, Monografien über die Anwendung von Techniken usw., umgekehrt die Spiegelung von wichtigen Lebens- und Interessensgebieten im Horoskop, wie etwa Beruf, Berufung, Erziehung, Gesundheit, Partnerschaft, Spiritualität. Das alles ist höchst verdienstvoll, ist sichtbares Zeichen der Lebendigkeit und der Fülle der Astrologie. Freilich, die Astrologie selbst ist allenfalls ausnahmsweise Gegenstand der Reflexion. Die Astrologie wird als gegeben betrachtet, immer verfügbar, im Prinzip unveränderlich. Die

Astro-Community hat noch genügend innere Substanz, um Einzeldeutungen, Monografien zu eng umrissenen Problemen zu produzieren. Aber die Substanz reicht nicht mehr aus, um über Astrologie als solche nachzudenken. Die Möglichkeit von Veränderungen – womöglich fundamentalen Veränderungen – der Astrologie gerät damit aus dem Blickfeld.

Die schnelle Deutung.

Dazu passt, dass eine Gesamtdarstellung der Astrologie in einer umfassenden systematischen Schau heute kaum gefragt ist. Es ist auch weit und breit niemand zu sehen, der eine solche Gesamtdarstellung schreiben würde. Die Zeiten der Thomas Rings und Oskar Adlers, der Glahns und der Klöcklers sind vorbei. Der Trend geht zu schnellgriffigen Deutungstexten, zu Bausteinen. Auch wenn die Zahl astrologischer Autoren stetig zunimmt, so wird doch immer weniger geschrieben und gelesen. Allgemein regiert die Maxime der Nerds: *TL;DR – too long; didn't read: Zu lang, ich hab's nicht gelesen.* Geschrieben wird für das Internet und für mechanisch abrufbare Deutungsbausteine. Individuelle Gutachten in Schriftform gibt es so gut wie nicht mehr. Die Zeit für so etwas nehmen sich die weitaus meisten Astrologen nicht.

Eine hoch zu schätzende Ausnahme, was Gesamtdarstellungen betrifft, dürfte Rafael Gil Brands LEHRBUCH DER KLASSISCHEN ASTROLOGIE sein.[7] Diese Darstellung ist ein wunderbares Kompendium traditionell-astrologischer Techniken, Methoden und Deutungsansätze, wahrhaft umfassend. Immer wieder bezieht Rafael Gil Brand auch moderne astrologische Ansätze vergleichend ein.

Freilich, verstehen wir das Individuum der Jetztzeit, indem wir astrologische Methoden der Vergangenheit anwenden? Wir wissen nicht wirklich, ob das der Fall ist. Zum Vergleich: Erwarten wir, dass eine antike Heilkunde die Gebrechen des modernen Menschen erfolgreich behandelt? Aids? Managerkrankheit? Infarkte? Wir

---

[7] Rafael Gil Brand: Lehrbuch der klassischen Astrologie. Mössingen 2000.

probieren und experimentieren, aber sicher sind wir uns dessen nicht. Jede Kultur, jede Zivilisation hat die ihr eigene und passende Heilkunde. Jede Kultur, jede Zivilisation hat die ihr eigenen und passenden Mittel der Mantik und der Prognose. Vergangenheit hat in all diesen Kulturtechniken einen bedeutenden, aber keinen exklusiven Ort.

Die Vertreter der traditionell-klassischen Astrologie tun gern so, als sei die traditionelle Astrologie die bessere Astrologie. Warum geriet dann diese Astrologie so gründlich in Vergessenheit? Das heißt ja nicht, wie schon angedeutet, dass die Beschäftigung mit der traditionellen Astrologie sinnlos wäre. Aus der Vergangenheit gibt es stets viel zu lernen. Und es dürfte ja nicht ohne Bedeutung sein, dass die traditionelle Astrologie »gerade jetzt« wieder entdeckt und erneut kultiviert – und weiterentwickelt – wird.

Methoden und Techniken.

Dank der derzeit recht guten Ausbildungslage in der Astrologie sind die meisten Astrologen mit gängigen klassiknahen Techniken und Varianten vertraut. Die »Klassiknähe« bezieht sich hier auf die *Revidierte Klassik*, bezieht sich auf die »Werkzeugkästen« der psychologischen Astrologievarianten. Nahezu jeder Astrologe wendet eine in diesem Sinn »klassiknahe Astrologie« an, der eine mit Placidus-Häusern, der andere mit Koch-Häusern, der eine unter Berücksichtigung von Aspekten auf die Achsen AC und MC, der andere unter Verzicht auf solche Aspekte. Der eine arbeitet zusätzlich mit dem Glückspunkt, der andere verwendet die interpolierte Lilith anstelle der mittleren usw. »Man« kennt diese Faktoren, Techniken und Varianten, man wendet sie an, weil sie zu funktionieren scheinen, aber ein weitergehendes, womöglich kritisches Interesse an Methoden und Techniken besteht nicht. Entsprechend knapp sind die zugehörigen Darstellungen. Eine Ausnahme machen natürlich die wenigen Publikationen, die explizit einer bestimmten Schul- bzw. Sonderrichtung verpflichtet sind und die ein Interesse an ausführlicher Präsentation und am korrekten Gebrauch ihrer jeweiligen

Methoden haben. Das heißt nicht, dass der durchschnittliche beratende Astrologe lernunwillig wäre, wie wir gleich noch sehen werden.

Aussagegrenzen, der psychologische Konsens

Der Begriff der »Aussagegrenze« ist mittlerweile in den Köpfen der beratenden Astrologen angekommen: Die durchschnittliche Beratung verläuft im Prognoseduktus der Wahrscheinlichkeit und der Orientierung an bestimmten großen Themen, ohne dass ein Schicksalszwang postuliert würde. Zumal bei schwierigen Konstellationen erarbeitet man mit dem Klienten sinnvolle und zuträgliche Alternativen – der beratende Astrologe ist in seinem Beratungshandeln (fast) immer auch psychologisch oder gar therapeutisch tätig. Die Schulung entsprechender Haltungen und Fertigkeiten nimmt einen beachtlichen Part in der Astrologie-Ausbildung ein. Zum professionellen Selbstbildnis gehört, dass man eben nicht *wahrsagt,* dass man nicht das Schicksal *verkündet*, sondern Deutungen und alternative Möglichkeiten *anbietet.*

... und die geheime Sehnsucht nach dem großen Deutungsmehrwert

Umso merkwürdiger und scheinbar umso paradoxer ist das Interesse vieler psychologischer Astrologinnen und Astrologen an Möglichkeiten und Modellen, um eben doch genauer, präziser, zwingender zu deuten und zu prognostizieren. Das war seit den 90er-Jahren bei der Rezeption der Stundenastrologie in Deutschland zu beobachten. Was das betrifft, so ist Deutschland ein Sonderfall. Die Stundenastrologie war hier den allermeisten professionellen Astrologen völlig unbekannt. Erst die Publikation von Erik van Slooten 1994 änderte dies schlagartig.[8] Die meisten Astrologen erlernten die neue Technik. Zu verlockend war die Aussicht auf eine glückende konkrete Prognose. Einige wenige Astrologen

---

[8] Erik van Slooten: Lehrbuch der Stundenastrologie. Freiburg im Breisgau 1994.

beschworen das Ende des psychologischen Beratungsethos und machten aus prinzipiellen Gründen Front gegen die Stundenastrologie. Mehr dazu in Kap. 6.

Paradox ist der Fall der Stundenastrologie in keiner Weise. Der Astrologe ist für seine Praxis, für die Bewältigung seiner Deutungs- und Begleitungsaufgaben auf möglichst einwandfrei funktionierende Werkzeuge angewiesen. Ob das nun Bausteine aus dem fortwährend verfeinerten Lexikon sind oder ob es neue, Deutungserfolg versprechende Techniken sind, ist dem astrologischen Praktiker egal. Ihm sind letztlich auch die ethischen Reibungen, die möglichen Tabubrüche egal, die unmittelbar aus dem Gebrauch dieses oder jenes Werkzeugs resultieren können. Das große psychologische Paradigma bleibt ja unangetastet: Die Blickumstellung der Revidierten Klassik von der Schicksalsergebenheit zur Schicksalsgestaltung und die daraus resultierenden Aussagegrenzen in der astrologischen Deutung sind (Gott sei Dank) dem Astrologen zur Haltung geworden, zu einer Art zweiter Natur.

Erstaunlicherweise waren die wirklich umfassenden Gesamtdarstellungen der Astrologie schon lange vor 1970 geschrieben. Zu einer Zeit, als in Deutschland die Astrologen begannen, sich und ihr Fach aus der Schmuddelecke herauszumanövrieren, lagen die profunden publizistischen Beiträge zu einer modernen Astrologie zum Teil schon seit Jahrzehnten vor. Zu nennen sind meines Erachtens:

- Oskar Adler: Das Testament der Astrologie. 4 Bände. Wien 1950 (Band 1), München 1992 u. sp. (Bände 2 bis 4).[9]
- Frank A. Glahn: Erklärung und systematische Deutung des Geburtshoroskops. Bad Oldesloe 1924; 3. verb. und verm. Auflage Memmingen 1930 (Nachdruck Mössingen 1999).
- Herbert Frhr. von Klöckler: Kursus der Astrologie (3 Bände). Leipzig 1927 u.ö.

---

[9] DAS TESTAMENT DER ASTROLOGIE basiert seinerseits auf Veröffentlichungen Oskar Adlers unter dem Titel »Einführung in die Astrologie als Geheimwissenschaft« Wien 1935 u. sp.

- Thomas Ring: Astrologische Menschenkunde (4 Bände). Zürich 1956 u. sp. (Bände 1 bis 3), Freiburg 1973 (Band 4), (Nachdruck Tübingen 2003).
- Johannes Vehlow: Lehrkursus der wissenschaftlichen Geburts-Astrologie (9 Bände). Berlin 1929 u. sp. (Nachdruck der Johannes-Vehlow-Gesellschaft Berlin 1986 u. sp. – online unter http://www.astrologie-chirologie.com/astrologie_2.html - Abruf 07.03.2019.

Dabei ist eine »Gesamtdarstellung« ein mehr oder weniger intensiver Blick auf das gesamte Fach aus einem bestimmten Blickwinkel. In diesem Sinn sind die Entwürfe von Glahn und von Vehlow »Gesamtdarstellungen«. Beide Entwürfe wenden eine ganz besondere Häusersystematik an. Thomas Ring blickt aus psychologischer Perspektive auf die Astrologie und ihre Deutungsangebote. Klöcklers Blick ist der Blick des empirisch vorgehenden Naturwissenschaftlers. Man kann bemängeln, dass das umfangreiche Gebiet der Partnerschaftsastrologie in den vorgenannten Darstellungen kaum behandelt wird. Nebenbei, Klöckler vermittelt recht trockene Kost, und Thomas Rings akademischer Schreibstil ist, bei aller Brillanz von Rings Deutungen, eine ernste Hürde. Oskar Adler hingegen schreibt elegant und warmherzig und kommt mit wenig »Technik« aus.

Man kann schließlich auch darüber streiten, ob das Gesamtwerk von Alexander von Prónay nicht das Kriterium einer Gesamtdarstellung erfüllt. Denn »umfassend« ist Prónays Werk allemal, gerade auch, was das astrologische Kerngeschäft des Interpretierens und Deutens angeht.[10] Prónay erhebt keinen Anspruch auf eine besondere Perspektivenbildung in Sachen Astrologie. Ihm geht es einfach darum, im Rahmen der Revidierten klassischen Astrologie gute,

---

[10] Die Prognose nach dem Geburtshoroskop. Bietigheim 1984. – Helfen Horoskope hoffen? Bietigheim 1973. – Die Deutung des Solarhoroskops und aller Grade des Zodiaks. Bietigheim 1985. – Astrologische Direktionen, verständlich und praktisch. Bietigheim 1983. – Die große Partnerschafts-Analyse. Bietigheim, 2. Auflage 1990. – Das große Transitbuch zur astrologischen Prognose. Bietigheim. 2., erw. Auflage 1983.

verlässliche Deutungen zu allen nur denkbaren astrologischen Konstellationen anzugeben. Ähnlich gilt das für das Gesamtwerk von Reinhold Ebertin, der technisch mit dem »Werkzeugkasten« der Kosmobiologie arbeitet.[11]

3.1. Theoriebildung in der Astrologie

Es ist eine ewige Herausforderung: Astrologen wissen, *dass* Astrologie »funktioniert«. Sie wissen auch, *wie* Astrologie »funktioniert«. Sonst könnte man Astrologie weder lernen noch lehren. Aber die Astrologen wissen nicht, *warum* sie »funktioniert«. Es gibt viele Vermutungen über das Warum, es gibt einige sehr ernst zu nehmende Belege und Beweise. Diese Vermutungen, Belege und Beweise haben sich bisher nicht zu einer Theorie verdichtet. Auch hier ist ein weitergehendes Interesse unter Astrologen gering. Man begnügt sich mit dem *Dass* und dem *Wie* der Astrologie, denn das ist die Minimalvoraussetzung für die lehrende Weitergabe und die Anwendbarkeit der Astrologie.

Und so gibt es Hypothesen; aber eine befriedigende Begründung der Astrologie steht dahin. Die beiden aussichtsreichsten Hypothesen sind erstens die Annahme eines direkten kausalen Zusammenhanges zwischen Sternenwandel und Weltgeschehen, zweitens die

---

[11] Ich bin mir sehr sicher, dass die Arbeiten zur Münchner Rhythmenlehre von Wolfgang Döbereiner alle Voraussetzungen für eine Einschätzung als »Gesamtdarstellung« mitbringen. Wolfgang Döbereiner nimmt für sich in Anspruch, mit der Rhythmenlehre »die moderne Astrologie begründet« zu haben (https://www.doebereiner.com/muenchner-rhythmenlehre/ - Abruf am 07.03.2019), grenzt sich dann aber stark gegenüber »Klassik« ab und unterstellt mit der angeblichen Durchsetztheit der »Klassik« von Begriffen der Münchner Rhythmenlehre den Versuch einer »feindlichen Übernahme« von »Ergebnissen« der Münchner Rhythmenlehre. Ich kann die Triftigkeit dieser Vorhaltungen nicht erkennen, zumal die oben genannten Gesamtdarstellungen schon auf dem Markt waren, als Döbereiner (1928) geboren wurde. Doch ich respektiere das Abgrenzungsbedürfnis der Rhythmenlehre und lasse sie, wenn auch mit Bedauern, fortan auf sich beruhen.

Annahme eines synchronistischen Zusammenhanges zwischen astronomisch-astrologischen Gegebenheiten und irdischen bzw. menschlichen Entwicklungen.

Die kausale Hypothese ist insofern fraglich, als sie erklären muss, warum (um ein Beispiel zu bilden) ein und dieselbe Marsstellung in dem einen Geburtsbild innerhalb des Rahmens der Marsdeutung kausativ etwas deutlich anderes »bewirkt« als in dem anderen. Die synchronistische Hypothese, bei der C. G. Jung gewissermaßen Pate gestanden hat, erfreut sich unter den ohnehin oft tiefenpsychologisch bzw. »jungianisch« orientierten Astrologen großer Beliebtheit. Nach C. G. Jung können Dinge einerseits und innere Entwicklungen andererseits sinnhaft aufeinander bezogen sein, ohne kausal voneinander abzuhängen.

Das bekannte Beispiel ist die Traumschilderung einer Patientin von C. G. Jung. Diese berichtet von einem Traum, in dem ein Skarabäus eine wichtige Rolle spielt. Im Moment der Schilderung fliegt ein Rosenkäfer, der mitteleuropäische Verwandte des Skarabäus, gegen das Fenster von Jungs Praxis und unterstreicht damit die Bedeutung des geschilderten Traumsymbols. Der sinnhafte Bezug wirkt auf eigene, zusätzliche Weise. Die Anwendung auf die Astrologie sieht den akausalen, synchronistischen Zusammenhang zwischen den Planeten als »Dingen« und den bildhaft entsprechenden individuellen und kollektiven menschlichen Entwicklungen.

Der Aufweis eines synchronistischen Zusammenhangs führt zu einem Aha-Erlebnis und zur Kenntnisnahme einer zusätzlich gegebenen Bedeutsamkeit. Eine astronomisch-astrologische Konstellation ist für das Kollektiv bzw. für das Individuum bedeutsam. Das heißt, das Kollektiv bzw. Individuum nimmt verstehenden und erlebenden Bezug zu dieser Konstellation. Es geht dabei nicht um Wahrsagung oder um Unvermeidbarkeit. Der verstehende und erlebende Bezug könnte auch anders aussehen. Entscheidend ist, dass ein solcher Bezug ohne eine kausale Veranlassung zustande kommt und eine ganz persönliche bzw. kollektive Bedeutung *hat.*

Wir kennen Ähnliches aus dem selbstreflexiven Alltagsleben. Wir fangen an, uns mit einem neuen Thema zu beschäftigen, über das wir bisher wenig wussten – und plötzlich kommt genau dieses Thema aus den verschiedensten Richtungen intensiv mit zahlreichen Informationen und Überzeugungen auf uns zu. Ob damit etwas erklärt wird, sei dahingestellt.

Ein Wissensgebiet muss nicht notwendig auf einer explizit entworfenen Theorie fußen, damit es öffentlich bzw. fachöffentlich akzeptiert wird. Aber diese Akzeptanz hat meist ein Verfalldatum. Auf Dauer kommt man nicht ohne gut begründete Hypothesen aus. Der Entwurf einer Theorie ist

1. so etwas wie ein Aushängeschild eines Faches bzw. einer Schulrichtung innerhalb eines Faches, ein Credo.
2. Eine Theorie ermöglicht idealerweise die Ableitung wahrer Sätze und Behauptungen innerhalb des jeweiligen Faches *aus dieser Theorie.* Sind falsche Sätze ableitbar bzw. gibt es wahre Sätze, die nicht ableitbar sind, erkennt man, welche Modifikationen, Erweiterungen, Zusätze die Theorie benötigt. Das befördert den weiteren Prozess der Theoriebildung.
3. Im akademischen Diskurs hat es ein Fach ohne Theorie meist recht schwer, sofern das Fach nicht aus wissenschaftspolitischen bzw. historischen Gründen mit zum akademischen Kanon gehört.

3.2. Rück- und Kehrseiten der Theoriebildung

Die Kehrseite der Theoriebildung dürfen wir dabei nicht vergessen: Von Albert Einstein stammt der Satz: »*Die Theorie bestimmt, was wir beobachten können.*« Theorien legen auch fest. Theorien bedürfen infolgedessen von Zeit zu Zeit einer Revision.

Natürlich hat es wesentliche Veränderungen gegeben. Diese betreffen aber weit eher die Schale als den Kern der Astrologie

Wissenschaftlich: In einer mechanistischen Newton'schen Natur ist ein durchseelter Kosmos, wie ihn die Astrologie nahelegt, nur schwer vorstellbar. Andererseits hat die Naturwissenschaft, allen voran die Physik, eine gewisse Spiritualisierung erlebt. Die Folge:

Die wissenschaftliche Skepsis ist geblieben, aber die Lautstärke des Hohngelächters ist spürbar zurückgegangen.[12]

Das entspricht der gesellschaftlichen Stimmung: Seit Jahrzehnten ist der Anteil an spirituellen, esoterischen, parawissenschaftlichen und ähnlichen Themen im psychosozialen Gesamtspektrum des öffentlichen Interesses und Fürwahrhaltens stabil, wenn nicht ansteigend. Mehr und mehr kann »man« sich Astrologie »vorstellen«.

Das hat berufspraktische und berufspolitische Folgen: In einer Gesellschaft, die sich Astrologie als möglich und nützlich »vorstellen« kann, muss der Astrologe nicht fürchten, dass ihm die Existenz streitig gemacht wird. Er muss nicht fürchten, dass seine Tätigkeit und seine Initiativen durch gezielte Skandalisierung ge- und zerstört werden. Öffentliche Skepsis mag bleiben, befleißigt sich aber eher einer toleranten Haltung.[13] Unter diesen Bedingungen kann der zugehörige Markt von Angebot und Nachfrage gedeihen und blühen.

Insgesamt profitiert die Astrologie davon, dass die Gesellschaft zunehmend Interesse an der Astrologie gewinnt und gewissermaßen auf die Astrologie mit freundlichem Interesse zugeht.

Theoriebildung: Das Problem der stillschweigenden Vorannahmen

Die Annahme eines kausalen bzw. synchronistischen Zusammenhangs zwischen Sternenwandel und Weltgeschehen macht die

---

[12] (Nahezu) wahlloser Griff in mein Bücherregal zum Beleg einer »Spiritualisierung« der Naturwissenschaften: Hans-Peter Dürr: Es gibt keine Materie! Revolutionäre Gedanken über Physik und Mystik. Amerang 2. Aufl. 2012; Bruno Martin: Intelligente Evolution. Auf der Suche nach dem kosmischen Bewusstsein. Berlin 2006; Jan Moewes: Für 6 Euro 50 durch das Universum. Über Zeit, Raum und Liebe. Frankfurt am Main 6. Aufl. 2001; Anton Zeilinger: Einsteins Spuk. Teleportation und weitere Mysterien der Quantenphysik. München 2005.

[13] Das sah vor 50, 60 Jahren noch anders aus. Astrologen mussten damals in Deutschland damit rechnen, nach dem sogenannten »Gaukeleiparagraphen« und aufgrund restriktiver Polizeiverordnungen an der Ausübung ihres Berufs gehindert zu werden – ausführlich dazu: Christoph Schubert-Weller: Astrologie in den Anfangsjahren der Republik. DAV-Newsletter, 11/2017.

Dinglichkeit des Sternenwandels zur stillschweigenden Voraussetzung einer Theoriebildung. Wir geben uns kaum Rechenschaft darüber, dass wir die Planeten und ihre Umläufe ins Reich der anorganischen Materie sortieren. Wir reden aber unbefangen von der Astrophysik der Planeten, von der Himmelsmechanik des Sonnensystems – und kommen gar nicht auf die Idee, dass Planeten und Sonnensystem etwas anderes sein könnten als eine bloße Anhäufung zwar aktiver, aber dennoch toter Materie. Wir folgen einem anthropozentrischen Weltbild, demzufolge wir alles als lebensfeindlich einstufen, was uns selbst an den Kragen geht.

Die Voraussetzung toter Dinglichkeit des Sonnensystems macht die Akzeptanz einer Astrologie äußerst schwer. Das wirkt sich auf eine astrologische Theoriebildung aus. Wie soll Totes, von Ausnahmen vielleicht abgesehen, eine reguläre kausative Wirkung auf Lebendiges ausüben? Man kann sich noch eine punktuelle Auswirkung vorstellen, ein anorganisches Gift oder eine abgefeuerte Gewehrkugel, die einen Menschen töten. Aber eine andauernde oder regelmäßig wiederholte Interaktion?

Das synchronistische Modell, wie es sich in und mit der Traumerzählung von C. G. Jungs Patientin manifestiert, beschreibt die synchronistische Interaktion zweier lebendiger Systeme – hier die Patientin, dort der skarabäusähnliche Rosenkäfer. Wäre eine solche Interaktion denkbar, wenn eines der beiden Systeme aus toter Materie bestünde? Da wir aber stillschweigend das Sonnensystem nicht als lebendig erachten, kommt uns eine kausale bzw. synchronistische Interaktion zwischen Mensch und Solarsystem fragwürdig vor, undenkbar. Eine Ausnahme bildet wahrscheinlich die Sonnenaktivität, deren Einfluss auf Mensch und Erde unbestritten ist, auch wissenschaftlich. Mehr dazu in Kap. 10.

Wir müssen also vor einer Theoriebildung der Astrologie unsere stillschweigenden und ausdrücklichen Vorannahmen überprüfen, bevor wir dieses oder jenes Modell verwerfen oder überhaupt für möglich erachten.

Dazu ein Blick auf die mittelalterliche Theoriebildung der Astrologie mit entscheidenden theologischen Vorannahmen. Es handelt sich um die christliche Grundlegung der Astrologie durch Thomas von Aquin (1225 bis 1274). Thomas konstruiert die Kosmologie der Antike einen christlichen Kosmos, an dessen Spitze Gott selbst steht. Gott verursacht Bewegungen und Konstellationen der Planeten. Dabei bedient er sich besonderer Intelligenzen, der »Gestirnengel«. Die Planeten und die Gestirnengel sind Mittler und Ausführende des göttlichen Willens. Gottes Vorsehung und Vorauswissen sind allumfassend und unabhängig von Zeit und Raum. Sie sind darum auch deutlich unterschieden von dem letztlich natürlichen Vorauswissen aufgrund astrologischer Prognosen, die eben nicht unabhängig von zeitlichen und räumlichen Begrenzungen geschehen. Mit all diesen Vorannahmen macht Thomas von Aquin die Astrologie unter den Rahmenbedingungen des Christentums »vorstellbar«. Thomas nimmt der Astrologie den Geruch von Fatalismus und Determinismus und markiert zugleich – um es mit einem modernen Terminus der Astrologie zu sagen – die »Aussagegrenzen« der Astrologie. Bis weit nach dem Zeitalter der Reformation ist dieser Entwurf von Thomas wegweisend für das Verhältnis von Astrologie und Christentum. Erst mit dem Niedergang der Astrologie seit dem Dreißigjährigen Krieg kann und will das Christentum überhaupt auf die Astrologie verzichten.

Vorerst und bis auf Weiteres ist Astrologie für den akademischen Wissenschaftler, für den Skeptiker, aber auch viele Anhänger religiöser Weltsichten »nicht vorstellbar«. Die meist stillschweigend gemachten Vorannahmen und Voraussetzungen lassen das bis auf Weiteres nicht zu. Dass die Sonne, das Sonnensystem, die Milchstraße usw. über Bewusstsein verfügen und darum mit »Subsystemen«, etwa der Erde, der Menschheit in einem lebendigen, *bewussten* Austausch stehen, ist ebenfalls nicht vorstellbar. Eine Theoriebildung scheitert bis auf Weiteres an unzureichendem Vorstellungsvermögen.

Ich vermute, dass sich im Blick auf das wissenschaftliche Vorstellungsvermögen bald größere Veränderungen zeigen werden. Dann öffnet sich auch die Tür zu einer »Vorstellbarkeit« der Astrologie und damit auch zu einer triftigen Theoriebildung des Fachs.

3.3. Die Revision der klassischen Astrologie

Relativ am Anfang des Booms steht vor allem im deutschsprachigen Raum die einsetzende »Revision« der Astrologie im Sinn einer psychologischen Astrologie, die wahrsagerische Festlegungen vermeidet und das Motiv der selbstbestimmten Lebensgestaltung betont. Diese »Revision« – zu nennen sind vor allem die diesbezüglichen Arbeiten von Herbert Freiherr von Klöckler und Thomas Ring[14] – übt auf die Astrologie zwischen den beiden Weltkriegen und nach dem Zweiten Weltkrieg entscheidenden Einfluss aus.

Die rund 100 Jahre des Wachstums und des Booms ändern an der Astrologie selbst eher wenig, abgesehen vielleicht von der »Blickumstellung« der revidierten klassischen Astrologie weg von der Deutung eines astrologischen Elements oder Bausteins als Schicksalsfaktor und hin zur entsprechenden Deutung als einem selbstbestimmenden Faktor.[15] Was früher als Symbol für eine schicksalhaft-unausweichliche Entwicklung galt, wird unter dieser Blickumstellung zum Baustein selbstgestalteten Lebens. Das ist nicht einfach nur das alte Gesetz, dass die Sterne zwar geneigt machen, jedoch nicht zwingen. Es ist darüber hinaus die Anerkennung, dass auch Schicksal etwas ist, das schöpferisch eingesetzt werden kann. Und die Astrologie ist dabei etwas, das jeweils Richtung und Themenschwerpunkte dieses schöpferischen Einsatzes anzugeben vermag.

Die »Revision« der Astrologie in der Zeit nach dem Ersten Weltkrieg war der Versuch, aus der astrologischen Deutung all die Faktoren zu eliminieren, die geeignet waren, den Horoskopeigner auf ethisch bedenkliche Weise zu determinieren, festzulegen. Einerseits gab es astrologisch-technische Werkzeuge, deren Begründung fragwürdig erschien, insbesondere dann, wenn es um eine astronomische Begründung ging. Andererseits verlangte die von Thomas Ring so bezeichnete Blickumstellung ein konsequentes Abstand-

---

[14] Vor allem: Klöckler 1927 ff u. ö.; Ring 1956 ff. u. ö.

[15] Vgl. Thomas Ring: Astrologische Menschenkunde Band III, Kombinationslehre. Freiburg im Breisgau 1973, S. 14 f.

nehmen von allem unterstellten »Schicksalszwang«. Eine Konstellation sollte Möglichkeiten der selbstbestimmten Lebensgestaltung eröffnen. Sie galt nicht als Wahrsagung unausweichlichen Schicksals.

Das Eigentümliche ist, dass die Revision der klassischen Astrologie kaum an die astronomischen und astrologisch-technischen Grundlagen der Astrologie rührt, wohl aber an die Grundlagen der Deutung und an das zugehörige Menschenbild. Und paradox ist, dass sich der durchschnittliche Astrologe, der sich auch heute zur Revidierten Klassik und zum psychologischen Paradigma bekennt, doch auch von der Frage umtreiben lässt, ob man noch mehr, noch genauere Informationen aus dem Horoskop dingfest machen kann. Sind wir da einem mystischen Zwang zur Wahrsagung ausgeliefert?

In den letzten 100 Jahren wurden zahlreiche neue Faktoren in die Astrologie eingeführt: Pluto, Lilith, Chiron, der Vertex, außerdem Fixsterne, Asteroiden, Kleinplaneten. All diese Faktoren sind mit Deutungen versehen. Einige Faktoren gehören inzwischen zum Standardrepertoire der Fachgemeinde, andere werden nur von wenigen Spezialisten angewandt. Alle Deutungen lassen in der Tat, wenigstens der Theorie nach, mehr und Genaueres erkennen. Die Anwendung neuer Faktoren schert sich nicht um Aussagegrenzen des Horoskops oder um die Blickumstellungen des für mündig erklärten Horoskopeigners. Die Frage, ob sich noch mehr, noch Genaueres erkennen lasse, führt in ihren zahllosen Antwortversuchen direkt an den *Ereignishorizont* des Randfachs Astrologie. Lauert dahinter das Schwarze Loch der Wahrsagerei?

Die Frage, ob sich noch mehr und noch Genaueres erkennen lasse, setzt voraus, dass der jeweilige astrologische Standard *per se* unvollständig und unzureichend ist. Diese Frage legt letztlich nahe, dass es keinen astrologischen Standard mehr *gibt*. Die Frage ist modern: Wer sie stellt, vermutet, dass zwischenzeitliche astronomische und astrologische Entdeckungen ein zusätzliches Feintuning der Deutung möglich und nötig machen.

Die Astrologie hat sich seit etwa 100 Jahren mit ihrer »Revision« ein Programm der Modernisierung gegeben. Mit diesem Programm hat die Astrologie eine für ihre Verhältnisse besondere Schubkraft erhalten; sie ist im Lauf der letzten 100 Jahre nach und nach in der Gesellschaft angekommen. Begünstigend war und ist ein allgemeines Klima öffentlicher »Spiritualisierung«.

Vor diesem Hintergrund hat die Astrologie noch einmal zu einem (relativ) geschlossenen Bau gefunden, der sich in verschiedenen Versuchen einer Gesamtschau niedergeschlagen hat. Die letzte Gesamtschau aus der Feder von Thomas Ring fällt in die Fünfziger- und Sechziger-Jahre; das heißt, es hat seit rund 50 Jahren keine geschlossene Darstellung des Fachs Astrologie mehr gegeben.

Stattdessen gibt es so etwas wie einen Mindeststandard und zahllose mehr oder weniger gebräuchliche Zusatzelemente und Zusatzannahmen, die alle eine steigende Genauigkeit der Deutung, der Prognose verheißen. Der »Mindeststandard« umfasst bei der Analyse des Geburtshoroskops die drei »Hauptübungen«, wie Thomas Ring sie nennt, 1.) die Deutung von Planeten im Zeichen, 2.) die Deutung von Planeten im Haus und 3.) die Deutung von Planeten im Aspekt zueinander, wobei an Aspekten die Konjunktion (0°), die Opposition (180°), das Trigon (120°), das Quadrat (90°) und das Sextil (60°) Berücksichtigung finden. – Die oben bereits angesprochene vierte »Hauptübung«, die so bei Thomas Ring unberücksichtigt bleibt, die aber fast schon zum Mindeststandard gehört, ist die Deutung der durch Planetenherrschaften verknüpften Häuser, also etwa *Herr von Haus 7 steht in Haus 12* usw.

3.4. Unerforscht und nicht erörtert: Die Herausforderungen der Gegenwart gegenüber der Astrologie.

Ich zähle diejenigen Themen auf, die meines Erachtens an den Bestand der Astrologie rühren – sei es, was die unmittelbaren praktischen Aufgaben der Astrologie betrifft, sei es, was das Welt- und Menschenbild der Astrologie und der Astrologen angeht. An dieser Stelle nenne ich die Probleme. Ausführlicher erörtere ich diese aber erst im 7. Kapitel.

- Schicksal und freier Wille
- Die Qualität der Zeit
- Prognose und Zukunft.
- Zukunftsforschung
- Zufall oder Bedeutung
- Künstliche Intelligenz
- Maschine und Bewusstsein
- Wir sind Utopia: Die Bildung eines Superorganismus

3.5. Steht die Astrologie vor einer neuen Blickumstellung?

Die Professionalisierung der Astrologie, ihre zunehmende gesellschaftliche Anerkennung bei gleichzeitig fehlender Selbstreflexion derer, die die Astrologie ausüben, und gleichzeitiger Unfähigkeit, das Ganze zu erkennen (womit die Unfähigkeit zur angemessenen Theoriebildung zusammenhängt) – das könnte darauf hindeuten, dass der Astrologie, so wie sie heutzutage (2020 und später) betrieben wird, demnächst der Atem ausgeht. Und dann dürfte eine Blickumstellung, ein Paradigmenwechsel anstehen. Fassen wir also die jetzt schon erkennbaren Indizien für eine Blickumstellung, eventuell für einen Paradigmenwechsel, zusammen:

1. Die Astrologie hat mit der »Revision der klassischen Astrologie« vor etwa 100 Jahren den Paradigmenwechsel zur psychologischen Astrologie vollzogen. Dieser Paradigmenwechsel war nötig, damit die Astrologie Anschluss an eine moderne Charakterkunde halten konnte.
2. Die Bedeutung dieses Paradigmenwechsels zeigte sich in beachtlichen Gesamtdarstellungen der Astrologie. Die letzte dieser Darstellungen, Thomas Rings ASTROLOGISCHE MENSCHENKUNDE, wurde vor rund 50 Jahren abgeschlossen. Seither ist keine astrologische Gesamtschau mehr erschienen.
3. Der »geschlossene« Bau der Astrologie, wie er in den vorerwähnten Gesamtdarstellungen entworfen wurde, existiert nicht mehr.

Stattdessen gibt es in der Astrologie eine Art Minimalkonsens der Hauptmethoden. Zu diesen treten zahlreiche punktuelle, technische, methodische u. ä. Ansätze, die die Astrologie im Sinn genauerer Diagnose erweitern wollen. Es gibt nichts, womit nicht gearbeitet wird: Zusätzliche Rechenpunkte (Vertex), zusätzliche Bahnpunkte (Lilith und Priapus), symmetrische Punkte (Halbsummen), zusätzliche Himmelskörper (Asteroiden, Kleinplaneten), zusätzliche hypothetische Himmelskörper (die »Transneptuner« der *Hamburger Schule)* machen aus dem Horoskop ein ziemlich unwegsames Deutungsgelände. Ohne dass es noch einen geschlossenen Bau der Astrologie gibt, gibt es nun zahlreiche »Anbauten«.

4. Die (wiederentdeckte) traditionelle klassische Astrologie ist in diesem Sinn auch nur ein »Anbau«: Die innerhalb der traditionellen klassischen Astrologie angesiedelte Stunden- und Frageastrologie ist ein beliebtes Instrument, das die eher schmalen prognostischen Ansätze der »revidierten Klassik« entscheidend ergänzt. – Auch die traditionelle klassische Astrologie kennt ihre Gesamtdarstellungen, etwa William Lillys CHRISTIAN ASTROLOGY aus dem 17. Jahrhundert oder das überwältigende LIBRO CONPLIDO EN LOS JUDIZIOS DE LAS ESTRELLAS aus dem 12. Jahrhundert.[16]

Ein Paradigmenwechsel, eine »Blickumstellung«, ist mehr als nur eine Veränderung hier oder dort, die nichts am Gesamtentwurf ändert. Ein Paradigmenwechsel innerhalb eines Faches lässt das gesamte Fach in einem neuen Licht erscheinen. Ein Paradigmenwechsel führt zu neuen Antworten (und zu neuen Fragen). Deshalb werden nach einem Paradigmenwechsel Gesamtdarstellungen des Faches unter dem neuen Blickwinkel geschrieben. Das (neue) Paradigma hat sich etabliert, wenn das Fach keiner neuen Gesamtdarstellung mehr bedarf. Möglicherweise ist das der Zeitpunkt, zu dem

[16] Alí Ben Ragel: El Libro Conplido en los Judizios de las Estrellas. Barcelona 1997 (zuerst arab., lat., altspan. 12. Jahrhundert); William Lilly: Christliche Astrologie. Zwei Bände. Tübingen 2007, 2008 (zuerst engl. 1647, 1648).

der Erfolg des neuen Paradigmas als sicher gelten kann. Aber das ist möglicherweise zugleich der Zeitpunkt, ab dem das Fach von seiner durch den Wechsel angereicherten Substanz lebt.

Wenn die Zeit der Gesamtdarstellungen vorbei ist, wenn diese zunächst in der Handbibliothek oder auf dem Tischregal des Astrologen stehen, um dann nach und nach ins zweite und dann ins dritte Glied der Gesamtbibliothek zu rücken, dann beginnt die Zeit der Detailstudien, der Einzeldarstellungen. Im Sinn des nunmehr etablierten Paradigmas werden die Möglichkeiten und Besonderheiten des Fachs und seiner Praxis sorgfältig ausgeleuchtet. In der Astrologie war, wie gesagt, die ASTROLOGISCHE MENSCHENKUNDE, erschienen in den Fünfziger- und Sechziger-Jahren, die letzte Gesamtdarstellung unter dem psychologischen Paradigma. Spätestens seit den 80er-Jahren ist im deutschsprachigen Raum ein Reichtum an Einzeldarstellungen erschienen, der seinesgleichen sucht. Hierfür stehen die bereits erwähnten mutigen Verlegerinitiativen, in den 70er- und 80er-Jahren die *Kailash*-Buchreihe des Münchner Hugendubel-Verlags, seit den 80er-Jahren die *Edition Astrodata* in Zürich und später der *Chiron Verlag* und *astronova* in Tübingen. Der Reichtum an Publikationen spiegelt den beruflichen und gesellschaftlichen Erfolg der Astrologie wider.

Natürlich erscheinen auch Grundlagenwerke. Aber Grundlagenwerke sind keine Gesamtdarstellungen.[17] Es erscheinen Werke, die inhaltlich das nun herrschende Paradigma durchaus in Zweifel ziehen können und die damit eventuell auf ein künftiges Paradigma verweisen.[18] Aber die Zeit ist dafür (vorerst) nicht reif.

---

[17] Das sind z. B.: Walter Lang: Die Astrologie im heutigen Weltbild. Heidelberg 1986; Dennis Elwell: Das kosmische Netzwerk. Zürich o. J. (zuerst engl. 1987), Bernadette Brady: Astrologie zwischen Chaos und Kosmos. Schicksal, freier Wille und die Ordnung des Lebens neu gesehen. Tübingen 2008 (zuerst engl. 2006).

[18] Etwa Theodor Landscheidt: Sun, Earth, Man – A Mesh of Cosmic Oscillations. London 1989; Theodor Landscheidt: Astrologie. Hoffnung auf eine Wissenschaft. Innsbruck 1994. Ausführlicher gehe ich in Kap. 10 auf Landscheidts Arbeiten ein. – Durchgängig ist es die immer wieder fruchtbare spirituelle Astrologie, die das jeweils herrschende eher pragmatische Paradigma infrage gestellt hat bzw. stellt.

Man kann manchen »Anbau«, manche »Findung«, die die Gegenwartsastrologie ergänzen soll, als Anzeichen eines Niedergangs betrachten. Je mehr Faktoren und Techniken grundsätzlich Platz greifen, desto unübersichtlicher wird das Bild. Man sieht den Wald vor lauter Bäumen nicht mehr, verstrickt sich einerseits in die Suggestion der zusätzlichen, mit dem Vorschusslorbeer der hohen Aussagekraft ausgezeichneten Technik, verwässert aber andererseits die Gesamtaussage.

All diese Beobachtungen führen auf ein großes Motiv: Die Astrologie könnte vor einem neuerlichen Paradigmenwechsel stehen. Wir ahnen, dass die psychologische Astrologie von ihrer Substanz lebt. Die großen Darstellungen sind Geschichte. Alle feilen an Details, der große Rahmen ist vorgegeben, etwas Neues scheint nicht in Sicht. Doch paradoxerweise ist das die Zeit, da das Neue wahrscheinlich fast schon gegenwärtig ist.

4. Paradigmenwechsel und Blickumstellungen

Es ist nicht das erste Mal, dass die Astrologie eine massive Blickumstellung erlebt. Die Astrologie hat durch diese Häutungen, die wir als »Paradigmenwechsel« bezeichnen, nur gewonnen – und hat ihre innere Stärke unter Beweis gestellt. Was bedeuten Paradigmenwechsel und Blickumstellungen bis ins 20. Jahrhundert?

4.1. Der Paradigmenwechsel zum Tierkreis

Die Astrologie beginnt mit der qualitativen Bestimmung von Tagen und Monaten in Sumer. Der »Babylonische Almanach« (ca. 1500 vor Chr.) gibt für jeden Tag des Jahres eine Einzelbewertung, sowohl generell als auch mit konkreten, praktischen Hinweisen zur Gestaltung des Lebensalltags. Ein Grundlagenwerk ist um 1000 v. Chr. das ENUMA ANU ENLIL, das Tausende von Omina aufführt – Entsprechungen bestimmter Konstellationen und Himmelserscheinungen zu irdischen Ereignissen. Das ENUMA ANU ENLIL wird zum ersten Nachschlagewerk astrologischer Deutungen, es wird in einige Sprachen der keilschriftlichen Welt übersetzt. Der MUL.APIN, ab etwa 800 v. Chr. konzipiert, ist ein Kompendium der babylonischen Astronomie. Der MUL.APIN darf als Wegbereiter des Tierkreises gelten.[19]

Die Wahl des günstigsten Tages beruht auf einer Art Jahreskalender, in dem die Planetenpositionen ständig fortgeschrieben werden. Und dann – ein Paradigmenwechsel par excellence – stellen die antiken Sternkundigen fest, dass Konstellationen und nicht nur

---

[19] Vgl. Stuckrad 2007, S. 47–60.

Mond und Sonne regelmäßig wiederkehren und eine ganz neue Art von Prognose liefern.

Als ausgesprochen fruchtbar erweist sich die Findung des Tierkreises. Der Tierkreis ist nicht nur Mess- und Rechenkreis, sondern überdies ein Werkzeug der Ordnung und Zuordnung, der Bestimmung von Planetenpositionen – sowohl auf technisch-arithmetischer Ebene als auch auf der Ebene des Interpretierens und Deutens.

Auf der Suche nach einer wissenschaftlich abgesicherten Astrologie sahen sich die antiken Mesopotamier mit dem Problem konfrontiert, dass es im traditionellen System ungemein schwierig war, den Ort der Planeten am Himmel eindeutig zu definieren. Wenn man sagte, Jupiter stehe am Fuß des Widders oder am Kopf der Hydra, was war damit gemeint? Wo fängt ein Sternbild an, und wo hört es auf? Das war nicht nur für Astrologen eine wichtige Frage, sondern auch für die Schifffahrt, die auf exakte Angaben angewiesen war. Die vorherrschende Methode bestand darin, dass man den Ort der Planeten in ihrem Abstand zu bekannten hellen Fixsternen definierte. Obwohl dies leidlich funktionierte und sogar noch in griechischen Horoskopen der Römerzeit praktiziert wurde, konnte das System auf Dauer nicht befriedigen.

In diesem einfachen astrologischen Problem liegt der Ursprung des uns allen bekannten Tierkreises. Man ging nämlich im fünften vorchristlichen Jahrhundert dazu über, die Ekliptik, also den Streifen, auf dem die Sonne im Laufe des Jahres wandert, in zwölf gleich große Abschnitte zu teilen, jeden dieser Abschnitte wiederum in 30 Einzelgrade, was einen Gesamtumfang der Ekliptik von 360 Grad ergibt. Obwohl die Tierkreis*bilder,* die sich im Hintergrund der Sonnenbahn befinden, natürlich ganz unterschiedlich groß sind, wurde diese herangezogen, um die gleich großen Tierkreis*zeichen* zu bezeichnen und die Position der Planeten entsprechend zu definieren. Die ersten 30 Grad des Tierkreises, ausgehend vom Frühjahrspunkt (also dem Ort, an dem die Sonne am Frühjahrsäquinoktium steht), nannte man »Widder«, die Grade 31 bis 60 nannte man »Stier« usw., unabhängig von der tatsächlichen Größe der einzelnen Bilder.

Der Unterschied zwischen Bildern und Zeichen kann nicht oft genug betont werden, denn er sorgt seit der Antike für Verwirrung. So findet man noch heute (in eher uninformierten Kreisen) die Kritik an der Astrologie, sie gehe von ganz falschen Voraussetzungen aus, da die Tierkreisbilder erstens gar nicht alle 30 Grad groß seien und zweitens sich im Lauf der Zeit verschoben hätten. Solche Kritik geht natürlich völlig ins Leere, weil die Astrologie seit dem fünften Jahrhundert v. u. Z. gar nicht mehr mit den Sternbildern arbeitet, sondern mit den fiktiven Zeichen als Abschnitten der Ekliptik.[20]

Diese recht nüchterne Darstellung legt nahe, dass sich die Antike nicht lange mit dem siderischen Tierkreis aufgehalten hat. Mit dem geistigen Wechsel von »Bildern« zu »Zeichen« vollzog sich der Wandel vom siderischen zum tropischen Tierkreis schon recht früh. Es spricht nichts für eine Aufteilung etwaiger »Zuständigkeiten«, etwa dass im siderischen Tierkreis, der ganz aus Fixsternen besteht, eine höhere spirituelle Astrologie gelte, während zum tropischen Tierkreis, dessen Berechnung auch von der Position der Erde abhängig ist, mehr die praktische Astrologie gehöre.

Stuckrads Darstellung lässt ein wenig die Genialität dieser Findung namens Tierkreis in den blinden Fleck des Betrachters geraten.

1. Der Tierkreis erzählt eine Geschichte, und das tat er schon in altbabylonischen Zeiten, lange bevor der geistige Wechsel von Bildern zu Zeichen Platz griff. Er tut das auch heute noch, wenngleich mit anderen Sujets.
2. Der Tierkreis macht das Ansinnen genauerer Positionsbestimmung und die Angabe von Ephemeriden überhaupt erst möglich, ein ungeheurer Fortschritt, und
3. der Tierkreis lässt sich äußerst fein gliedern, so dass letztlich jeder einzelne Tierkreisgrad zu einer einmaligen Wesenheit mit besonderer Deutung und Bedeutung wird.

Stuckrad betont allerdings überwiegend die Hilfsfunktion des Tierkreises bei der mathematischen Positionsbestimmung.[21] Er erläutert, »dass die Einführung des Zodiak nichts mit mythischen

---

[20] Stuckrad 2007, S. 65 f.

[21] Vgl. Stuckrad 2007, S. 55.

Spekulationen zu tun hatte, sondern sich einer rein pragmatischen Überlegung verdankt«.[22] Der Tierkreis war »kaum mehr als eine mathematische Idealisierung, die man für Rechenvorgänge brauchte und benutzte«.[23]

Das klingt nach einem astrologischen Understatement, das wir bei Thomas Ring wiederfinden, wenn er vorzugsweise vom »Messkreis« spricht. Gewiss ist der Tierkreis zunächst ein »Messkreis«, aber mit der Positionsbestimmung ist untrennbar bereits eine Deutung verknüpft.

Die Entwicklung des Tierkreises und die »Geschichte« seines Gebrauchs nimmt geraume Zeit in Anspruch: Mittlerweile sind es deutlich mehr als 2000 Jahre! Immer mal wieder wird der Tierkreis gleichsam dekonstruiert und neu konstruiert. Aus der Findung des Tierkreises resultiert nach und nach die Aspektlehre, die Lehre von den Dekanaten, der Einbezug der Lehren von den Elementen und den Urqualitäten und nicht zuletzt die gedankliche und technische Konstruktion von Horoskophäusern usw. Die Lehre von den vier Elementen und den vier Urqualitäten rechnet zu den Standards der aristotelischen Naturwissenschaft in der Antike.

Diese Entwicklung endet vorerst bei denjenigen astrologischen Entwürfen, die den Tierkreis hinter sich zu lassen scheinen. Dies gilt zum Beispiel bei der Arbeit mit der 90-Grad-Scheibe in der *Hamburger Schule*. Hier werden auf verschiedenen Ebenen ausschließlich Halbsummenbeziehungen zwischen Faktoren analysiert. Die Positionsbestimmung der Faktoren geschieht zwar mithilfe des Tierkreises, doch gibt es dazu keine weitere Deutung. In diesem Fall verweist die Dekonstruktion nicht auf eine sich anschließende Neukonstruktion des Zodiaks. Es ist vielmehr die Dekonstruktion selbst, die in der »Hamburger Schule« zusätzliche Erkenntnismittel freisetzt.

Mit der Entdeckung und Entwicklung der Individualastrologie,

---

[22] Stuckrad 2007, S. 55.

[23] So der Mathematikhistoriker und Altorientalist Otto Neugebauer (1899 bis 1990), zit. n. Stuckrad 2007, S. 55.

mit der Erarbeitung des tropischen Tierkreises, mit der Entwicklung der astrologischen Häuser kommt der Bau der hellenistischen Astrologie zu einem gewissen Abschluss. Dieser manifestiert sich im TETRABIBLOS von Claudius Ptolemäus im 2. Jahrhundert nach Christus. Das Werk des Ptolemäus bleibt weit über 1000 Jahre in der abendländischen Astrologie aktuell. Der Bauplan des Horoskops in der hellenistischen Astrologie ähnelt weitgehend dem Bauplan des modernen Horoskops, sieht man einmal von der Inflation der hypothetischen Faktoren und Wirkpunkte ab. Seit der hellenistischen Zeit hat die Astrologie eine Blickumstellung gleichsam gar nicht nötig. Ihre Position ist nie völlig unumstritten, gleichwohl gehört sie zum akademischen Bildungskanon. Ihre letzte große Blüte erlebt die Astrologie in der Renaissance und frühen Neuzeit, im 15. und vor allem im 16. Jahrhundert. Danach auch eine Blickumstellung verlagert sich die Aufmerksamkeit von der Astrologie auf die Astronomie. Und die Astrologie scheint dies nicht einmal mehr wahrzunehmen.

4.2. Blickumstellungen der Neuzeit

Der Sündenfall der Astrologie ist ihre Korrumpierung in der allgemeinen Verwilderung und Verödung Europas im Dreißigjährigen Krieg. Die »Sternenschwindler«, wie sie der universal gelehrte Pädagoge Jan Amos Comenius (1592–1670) nannte, hatten in den schlechten Zeiten Hochkonjunktur. Sie brachten das Fach in Verruf. Erst recht freilich geschah dies durch die aufkommenden Naturwissenschaften, die Zug um Zug das aristotelische Weltbild widerlegten – und damit auch die christliche Kosmologie der Scholastik und die auf dieser Kosmologie aufruhende Astrologie.

Die Astrologie als Symbolsprache stand im 18. und zumal im 19. Jahrhundert nahe vor ihrem Ende, als die »positiven Wissenschaften« ihren Siegeszug antraten. Angesichts der exakten Naturwissenschaften und deren Leistungen erschien die Astrologie als Spielzeug des Geistes ohne weiteren Tiefgang bei geringer Reichweite. Die

Astronomie, die nach alter hierarchischer Vorstellung der Astrologie als Magd zu dienen hatte, rannte ihrer Herrschaft einfach davon und zeigte seit dem Ende des 18. Jahrhunderts mit ihren Entdeckungen weiterer äußerer Planeten, mit der Entdeckung von »Nebeln« und Fixsternen, dass der Himmel weit größer war als der überschaubare Kosmos der Astrologie. Die gemütliche Geborgenheit des Menschen im Kosmos ging schrittweise verloren. Und damit kam es zum bereits beschriebenen Dilemma astrologischer Theoriebildung: Die Astrologie konnte vielleicht noch darlegen, *dass* sie funktionierte, auch wenn ihr allgemeiner Nutzen nun infrage stand. Aber sie konnte nicht erklären, *warum* sie funktionierte. Der Astrologie fehlte nun (und fehlt nach wie vor) eine theoretische Fundierung.

Jahrhundertelang deutete, begleitete und steuerte die Astrologie die Lebenspraxis. Nun wurde sie im Zug der Aufklärung und der stürmischen Entwicklung der Naturwissenschaften mit anderen Modellen und Werkzeugen konfrontiert, die wesentlich präziser beobachten, diagnostizieren und prognostizieren konnten.

Immanuel Kants berühmter Satz vom »bestirnte(n) Himmel über mir« lässt der Astrologie ein Existenzrecht als Wissen von der naturgegebenen Einbindung des Menschen in große und größte Entwicklungszyklen. Als »vernünftige Praxis« hingegen ist die Astrologie schon nicht mehr denkbar.

Es lohnt, den gesamten Wortlaut dieses Satzes vom bestirnten Himmel (und einiger Nachbarsätze) zur Kenntnis zu nehmen:

> Zwei Dinge erfüllen das Gemüt mit immer neuer und zunehmender Bewunderung und Ehrfurcht, je öfter und anhaltender sich das Nachdenken damit beschäftigt: *Der bestirnte Himmel über mir, und das moralische Gesetz in mir.* Beide darf ich nicht als in Dunkelheiten verhüllt, oder im Überschwenglichen, außer meinem Gesichtskreise, suchen und bloß vermuten; ich sehe sie vor mir und verknüpfe sie unmittelbar mit dem Bewußtsein meiner Existenz. Das erste fängt von dem Platze an, den ich in der äußern Sinnenwelt einnehme, und erweitert die Verknüpfung, darin ich stehe, ins Unabsehlich-Große mit Welten über Welten und Systemen von Systemen,

überdem noch in grenzenlose Zeiten ihrer periodischen Bewegung, deren Anfang und Fortdauer. Das zweite fängt von meinem unsichtbaren Selbst, meiner Persönlichkeit, an, und stellt mich in einer Welt dar, die wahre Unendlichkeit hat, aber nur dem Verstande spürbar ist, und mit welcher (dadurch aber auch zugleich mit allen jenen sichtbaren Welten) ich mich, nicht wie dort, in bloß zufälliger, sondern allgemeiner und notwendiger Verknüpfung erkenne. Der erstere Anblick einer zahllosen Weltenmenge vernichtet gleichsam meine Wichtigkeit, als eines *tierischen Geschöpfs*, das die Materie, daraus es ward, dem Planeten (einem bloßen Punkt im Weltall) wieder zurückgeben muß, nachdem es eine kurze Zeit (man weiß nicht wie) mit Lebenskraft versehen gewesen. Der zweite erhebt dagegen meinen Wert, als einer *Intelligenz*, unendlich, durch meine Persönlichkeit, in welcher das moralische Gesetz mir ein von der Tierheit und selbst von der ganzen Sinnenwelt unabhängiges Leben offenbart, wenigstens so viel sich aus der zweckmäßigen Bestimmung meines Daseins durch dieses Gesetz, welche nicht auf Bedingungen und Grenzen dieses Lebens eingeschränkt ist, sondern ins Unendliche geht, abnehmen läßt.[24]

Der »bestirnte Himmel« ist für Kant das große Bild von der Existenz zahlloser Welten, in die und in deren Kreisläufe auch der Einzelne eingebunden ist. Kant spricht von »allgemeiner und notwendiger Verknüpfung«. Kant beschreibt mit diesen Worten nichts anderes als die »natürliche Astrologie«. Diese befasst sich mit der Vorhersagbarkeit gesundheitlicher und meteorologischer Einflüsse und deren Wirkung auf den Menschen, während die »urteilende Astrologie« aufgrund von Geburtshoroskopen Vorhersagen für einzelne Individuen durchführt.[25] Kant war neben all seinen anderen Begabungen ein Visionär. Seine Vorstellungen über die Entstehung von Sternen, von Planeten usw. kommen der modernen Kosmogonie ziemlich nahe. Das Sonnensystem ist nach Kant eine Miniaturausgabe

[24] Immanuel Kant: Kritik der praktischen Vernunft, Kap. 34 »Zum Beschluß« – zit. n. https://gutenberg.spiegel.de/buch/kritik-der-praktischen-vernunft-3512/34

[25] Vgl. dazu auch: https://www.astro.com/astrowiki/de/Nat%C3%BCrliche_und_Judiciar-Astrologie - Abruf am 28.03.2019.

der beobachtbaren Fixsternsysteme. Planeten- und Sternensysteme entstehen periodisch aus einem Urnebel und vergehen periodisch auch wieder. Kant nannte diesen Nebel »Welteninsel«, die Milchstraße war eine solche »Welteninsel«, und Kant schlussfolgerte, dass es zahllose solcher »Welteninseln« geben müsste, dass also das Universum wesentlich größer sein müsse als zu seiner Zeit allgemein gedacht.[26]

Kant ruft zur Bescheidenheit: Der Planet Erde ist »ein bloßer Punkt im Weltall«, und der Mensch ist ein bloßes Tiergeschöpf, das seine ihm geschenkte (»man weiß nicht, wie«) Lebenskraft am Ende wieder hergeben muss. Der Mensch ist also gänzlich eingebunden in die Prozesse des Universums. – Allerdings ist der Mensch auch mit Intelligenz begabt; diese erhebt den Menschen über alle Begrenzungen und Abhängigkeiten hinaus ins Unendliche. Es ist jedoch keine kalte Intelligenz, sondern sie wirkt als »moralisches Gesetz« im Menschen, sie macht die Würde des Menschen und seine grundlegende Schöpferkraft bewusst.

Kants Rede vom »bestirnten Himmel über mir und dem moralischen Gesetz in mir« ist das »Wie oben, so unten« der Aufklärung. Es kommt ohne Astrologie aus, jedenfalls ohne traditionelle Astrologie, die als zur Abdankung genötigte ehemalige »Königin der Wissenschaften« mittlerweile den Anschluss verloren hat.

Die Entwicklung der Astronomie seit dem 18. Jahrhundert allerdings scheint die Astrologie kaum zu berühren. Der Planet Uranus wird von einem Außenseiter, Wilhelm Herschel, entdeckt. Herschel hat sich eine »Kartografie der Milchstraße« in den Kopf gesetzt, eine Vermessung der Galaxis. Dabei stößt er auf Uranus.

Die Geschichte der Astronomie ist seit dem 18. Jahrhundert eine Geschichte der verblüffenden Weiterungen. Das gemütliche Modell der Sphären mit Erde bzw. Sonne im Mittelpunkt und den Fixsternen als der äußersten »Sphäre« vergrößert sich Schritt um Schritt: Das Sonnensystem selbst wächst mit der Entdeckung des

---

[26] Vgl. dazu https://de.wikipedia.org/wiki/Allgemeine_Naturgeschichte_und_Theorie_des_Himmels - Abruf am 28.03.2019.

neuen Planeten Uranus mit einem Schlag auf das Doppelte seines bisherigen Umfangs an, später kommen Neptun und Pluto mit entsprechenden Weiterungen hinzu. In klaren Winternächten erblickt der Mensch etwa 3000 Sterne am Himmel. Sie gehören alle zur Milchstraße, unserer Heimatgalaxis. Heute wissen wir, dass allein unsere Heimatgalaxis etwa 100 bis 300 Milliarden Sterne umfasst! Und wir wissen, was Kant schon ahnte: dass es viele solcher Galaxien gibt.

Nach der Entdeckung des Planeten Uranus tat sich in der zeitgenössischen Astrologie zunächst – nichts! Die Astrologie, die heutzutage den Uranus als den »Planeten der Astrologie« für sich reklamiert, nahm bis 1865 so gut wie keine Kenntnis von dem neuen Faktor. Zwischenzeitlich war 1846 bereits Neptun entdeckt worden. Erst um 1865 werden tastende Deutungsversuche unternommen, die sich vor allem auf die spirituelle, transzendente Bedeutung von Uranus und später Neptun beziehen.[27] Von der Entdeckung des Uranus 1781 bis zur ersten tastenden Deutung 1865 vergeht – ein kompletter Uranus-Umlauf!

Paradox: So wenig, wie sich Astrologiegegner aufgrund der »astronomischen Entfernungen« eine Entsprechung zwischen Sonnensystem und Mensch vorstellen können, so wenig können sich im 18. und 19. Jahrhundert traditionell denkende und arbeitende Astrologen vorstellen, dass die Entsprechung zwischen Sonnensystem und Mensch weiter als bis Saturn reicht. Auch hier werden die Entfernungen schnell »astronomisch«. Es bedarf offenbar einer langen Eingewöhnungszeit, bevor die Perspektiven jenseits der Tellerränder überhaupt wahrnehmbar werden.

Man könnte nun erwarten, dass der Blickumstellung *auf* die Astrologie vonseiten der Wissenschaften eine entsprechende Blickumstellung der Astrologie mit Bezug auf zwischenzeitliche wissenschaftliche Entdeckungen folgen würde. Das ist nicht der Fall. Es kommt in der Tat zu einer Blickumstellung, jedoch unter ganz

---

[27] Vgl. dazu Sue Ward: Das Fundament der Astrologie. Wie die alten Herrscher und die neuen Planeten zu ihrer Bedeutung kamen. Tübingen 2011, S. 82–94.

anderen Vorzeichen, nämlich auf der Ebene der Deutung. Die charakterkundliche und die spirituelle Deutung des Horoskops wird unerwartet zu einem neuen Paradigma.

Erstaunlicherweise also überlebte die Astrologie ihr drohendes Aussterben. Maßgeblich trug dazu Alan Leo (1860 bis 1917) bei, dem es seit 1889 gelang, eine vorwiegend charakterkundliche individuelle Horoskopdeutung als »moderne Astrologie« in Großbritannien populär zu machen. Mehr noch, seit 1890 war Alan Leo Mitglied der *Theosophischen Gesellschaft*. Die Theosophie darf trotz ihrer starken Anleihen aus dem Hinduismus als universalreligiöse Strömung im ausgehenden 19. Jahrhundert betrachtet werden. Während zweier Indienreisen (1909 und 1911) erarbeitete Alan Leo sich die indische Astrologie. Die »moderne Astrologie« wurde um spirituelle und religiöse Bestände angereichert (z.B. die *Karma-Astrologie*). Die abendländische Astrologie hat seitdem eine gewisse Nähe zu (universal-)religiösen Entwürfen bewahrt. Man denke an die New-Age-Bewegung seit den ausgehenden Siebziger-Jahren und ihren Einfluss auf die psychologische Astrologie im letzten Viertel des 20. Jahrhunderts.

4.3. Das Geburtshoroskop und seine Deutung

Die »Individualastrologie« wurde bereits in der Antike entwickelt, aber das individuelle Horoskop, die »Nativität«, das »Geburtshoroskop« wurde unter gänzlich anderen Gesichtspunkten erörtert und gedeutet, als das heute der Fall ist.[28] Eine Nativitätsdeutung in antiker Zeit beginnt mit der Analyse der fünf Faktoren, die als *Hyleg* infrage kommen, sowie des »Geburtsgebieters«. Als Hyleg, als Signifikator für die »Überlebensstärke«, können Aszendent, Mond, Sonne, Glückspunkt und der vorgeburtliche Vollmond oder Neumond herangezogen werden. Einer dieser Faktoren erhält die

[28] Die Darstellung zur Deutung der Nativität folgt den Angaben in: Gil Brand 2000, S. 304–345.

relativ größte Gewichtung im Sinn von Würden, Triplizitäten, Dekanen, Grenzen usw. und kommt also als Hinweiser auf die »Überlebensstärke« des Geborenen infrage. Dann wird untersucht, welcher Planet der relativ stärkste Dispositor bei allen fünf in Frage kommenden Hyleg-Positionen ist. Das ist der Planet, der die »Lebensdauer« bestimmt. In der Praxis wird diese einigermaßen einfach klingende Vorgehensweise durch zahlreiche Sonderregeln und Vorbehalte ergänzt. Die Themen der »Überlebensstärke« angesichts hoher Kindersterblichkeit bis tief ins 19. Jahrhundert und der »Lebensdauer« angesichts durchschnittlich geringer Lebenserwartung hatten jahrtausendelang ethisch und praktisch eine völlig andere kulturelle Gewichtung als heutzutage. Die komplexen Regel- und Deutungswerke der antiken bzw. traditionellen Astrologie zur Bestimmung des Hyleg und des Alkochodan (wie der Planet der Lebensdauer benannt wurde) zeigen, wie ernst und wie verantwortlich auch damals die Fragen im Umfeld von Sterben und Tod behandelt wurden.

Mit zu dieser Art von Berechnungen und Einschätzungen gehört die Bestimmung des »tötenden Planeten«, des *Anareta.* Dieser kann Mars oder Saturn sein – oder der Herr des 8. Hauses. Die moderne Astrologie würde ergänzend Uranus und Pluto hinzufügen. Berechnet wird ein Direktionsbogen vom Hyleg zum tötenden Planeten. Dieser Direktionsbogen muss in etwa der zuvor berechneten Lebenserwartung (Lebensdauer) entsprechen.

Die traditionelle Individualanalyse geht erst dann auf den Geborenen im Eigentlichen ein: Physiognomie, Temperament, geistige Veranlagung werden nun beschrieben, und zwar über Aszendent bzw. erstes Haus, Mond und Merkur. Der Aszendent determiniert die körperlichen Anlagen, der Mond macht Aussagen über die seelischen Neigungen und Merkur verweist auf Denkungsart und geistige Einstellung des Geborenen. Eine wichtige Rolle spielen zudem Planeten, die im 1. Haus stehen. Physiognomie und Temperament sind im Wesentlichen Sache des 1. Hauses, die Phase des Mondes wird untersucht und gedeutet. Charakter und Veranlagung im engeren Sinn ergeben sich aus der Analyse von Mond und Merkur.

Diese geben Aufschluss über die Art und Weise, wie der Geborene sein Leben auffasst und gestaltet, über seine Interessen, sein ethisches Verhalten. Diese Beschränkung auf wenige Faktoren – Aszendent, 1. Haus, Mond, Merkur – kennzeichnet eine völlig andere Annäherung an den astrologisch fasslichen Charakter eines Geborenen als die uns vertraute astrologisch-psychologische Individualanalyse. Freilich, diese wenigen Faktoren werden sehr genau und ausführlich analysiert und gedeutet. Dennoch scheint »Persönlichkeit« in der traditionellen Astrologie begrenzt zu sein – begrenzt angesichts sonstiger Mächte, die, angefangen bei Vitalität und Lebenserwartung, den Geborenen bestimmen.

Aus der modernen psychologischen Astrologie sind wir gewohnt, alle Konstellationen als Beitrag zur Persönlichkeit des Geborenen aufzufassen. Das führt letztlich zu einer Deutung der Planeten (und ihrer individuellen Konstellierung) als »Teilpersönlichkeiten« eines Geborenen. Entsprechendes gilt für die Häuserdeutung. In der traditionellen Individualastrologie sind die Häuser so etwas wie Haupt-Lebensbereiche. Die Nativitätsdeutung erarbeitet unter dieser Perspektive, was dem Horoskopeigner wahrscheinlich im Lauf seines Lebens in dieser Hinsicht geschehen wird, welchen Einflüssen er ausgesetzt ist, welche einschlägigen Bekanntschaften ihm widerfahren könnten usw. Die moderne Häuserdeutung im Grundhoroskop betrachtet die Häuser als unmittelbare Interessens- und Gestaltungssphären des Individuums. Es geht nicht in erster Linie um das, was dem Individuum widerfährt, sondern um das, was das Individuum sein und erreichen kann. Es geht nicht in erster Linie darum, in welches Geflecht das Individuum hineingewoben ist, sondern es geht darum, wie das Individuum dieses Geflecht gestalten und es, zumindest fallweise, gewissermaßen »umknüpfen« und neu knüpfen kann.

Alan Leo gelang es, die Astrologie in Großbritannien (wieder) populär zu machen. 1890 erschien die erste Ausgabe von *The Astrologer's Magazine,* herausgegeben von Alan Leo und F.W. Lacey. Jeder, der die Zeitschrift abonnierte, erhielt ein kurzes Gratishoroskop. Wer das Abonnement für zwei Jahre im Voraus zahlte, erhielt eine entsprechende astrologische Zweijahresvorschau. Dies war nur leistbar, wenn die Abfassung der Horoskoptexte von Anfang bis Ende durchorganisiert war. Alan Leo darf als der Erfinder des astrologischen Textbausteins gelten. Eine überschaubare Anzahl solcher »Bausteine«, wie etwa »Sonne in Fische«, »Mond im 11. Haus« und »Merkur Quadrat Pluto« steht zur Verwendung im Text eines gegebenen Horoskops bereit.

Die traditionelle Astrologie arbeitet von vornherein gar nicht mit derartigen Bausteinen. Die »Aphorismen« in der traditionellen Deutung benennen bestimmte Bedingungen, die erfüllt sein müssen, damit eine bestimmte Deutung zutrifft. »Das heute so beliebte Schema der Aufzählung von Planeten in Zeichen oder in Häusern ist in der klassischen Literatur so gut wie unbekannt«, schreibt Rafael Gil Brand.[29]

Die Schematisierung der Astrologie gehört mit zur Blickumstellung, die sich mit dem von Alan Leo angestoßenen Revival anbahnt. Seit 1889 baute Alan Leo eine astrologische Praxis auf, mit Dependancen in London, Paris und New York(!). Mithilfe der Baustein-Technik erstellten Leo und seine Mitarbeiter in den nächsten drei Jahren insgesamt rund 20.000 Horoskope. Die Schematisierung der Astrologie besteht in dem Zuschnitt der Deutung auf die »drei Hauptübungen«: Planeten in Zeichen, Planeten in Häusern, Planeten in Aspekten.

Zugespitzt gesagt, überlebte die Astrologie in Großbritannien, weil sie kompromisslos popularisiert und weiter verflacht wurde. Gleichzeitig wurde die Astrologie an eine Weltanschauung gebunden, die zwar der Popularisierung nicht abhold war, die aber keineswegs einer Schematisierung und Verflachung das Wort redete: die Theosophie. Alan Leo rechtfertigte seine astrologische Billigproduktion damit, dass es darum gehe, die Menschen auf breiter Front überhaupt für die Astrologie zu interessieren, um sie später an die »wahre Astrologie«, nämlich an die theosophisch-esoterische Astrologie, heranzuführen.

---

[29] Gil Brand 2000, S. 346.

Wiederum zugespitzt gesagt: Die Astrologie überlebte auch, weil sie unter die Fittiche einer spirituellen Organisation genommen wurde, die zumindest so etwas wie Bestandsschutz garantierte. Die Theosophie und ihre späteren Ableger und Spaltprodukte – einzelne theosophische Gruppen, rosenkreuzerische Orden, die Anthroposophie – wandten sich dem Studium der Astrologie zu. Alan Leo selbst eignete sich während zweier Indienreisen, wie schon gesagt, die dortige Astrologie an. Die indische Astrologie ist ein breiter Strom von technischem, spirituellem, charakterkundlichem und lebenspraktischem Wissen – angereichert durch die wirkmächtige religiöse Idee der Wiedergeburt, die Lehre von Karma und Reinkarnation. Das populäre Wirken Alan Leos machte über die Popularisierung der Astrologie auch die Reinkarnationslehre im Abendland populär.

Die moderne Astrologie besteht, wie schon mehrfach angeklungen ist, nicht mehr in der Zuschreibung wahrscheinlicher Gegebenheiten und Verstrickungen, sondern in der Angabe von spezifischen Möglichkeiten und Gestaltungsoptionen. Hiervon war die karmisch gedeutete indische Astrologie weit entfernt, ebenso aber auch die religiös-theosophisch eingefärbte Astrologie Alan Leos und seiner Zeitgenossen. »Moderne Astrologie« im Sinn Alan Leos war eine Astrologie, die zugleich esoterisch und mystisch durchweht war.

Max Heindel, führender Kopf der *Rosicrucian Fellowship*, eines US-amerikanischen Ablegers der Anthroposophie mit theosophisch geprägter Philosophie[30], schreibt knapp und klar zum Anspruch dieser »modernen Astrologie«:

> Die Astrologie, als esoterische Wissenschaft betrachtet, erklärt die Verbindung zwischen dem Menschen und dem Universum. Sie offenbart den wundervollen kosmischen Plan, nach dem die ganze Schöpfung sich zur Vollkommenheit weiterentwickelt. Sie führt den Menschen und hilft ihm,

[30] Vgl. https://de.wikipedia.org/wiki/Rosicrucian_Fellowship - Abruf 03.04.2019.

seinen ordnungsgemäßen Platz im Kosmos zu finden, seine höchsten Beweggründe auszudrücken und seinen edelsten Idealen nachzustreben. Sie erlaubt es ihm auch, seine Mitmenschen besser zu kennen, um sie besser anzunehmen, ihnen besser zu helfen und sie besser zu lieben. Das innere Wissen, das durch das Studium der spirituellen Astrologie entwickelt wird, ist die Tür, die zur universellen Bruderschaft führt. Um die Astrologie wirklich zu verstehen, muss sie im Licht der esoterischen Weisheitslehren studiert werden, vor allem im Zusammenhang mit den Gesetzen von der Wiedergeburt und von Ursache und Wirkung. Im gesamten Weltall herrscht eine unübertreffliche Ordnung, alles hat eine Ursache und nichts geschieht rein zufällig. Was wir heute sind, ist das Ergebnis unserer Taten in der Vergangenheit und was wir heute tun, bestimmt unsere Zukunft.[31]

Die Astrologie ist damit ein Mittel zum Verständnis dessen, wie das Gesetz des Karma wirkt. Und zugleich ist die Astrologie ein Mittel des spirituellen Wachstums und der geistigen Läuterung, ein Mittel also zur Bewältigung und endlichen Tilgung des Karmas. Die Astrologie beschreibt und erklärt die Einbindung des Menschen in den Kosmos.

4.4. Exkurs: Religion und Freiheit und ihr Verhältnis seit der Reformation

Man kann eine gewisse Entwicklung der abendländischen Religiosität seit der Reformation feststellen: langfristig weg vom dogmatischen und strafenden Gott hin zu einem Bild Gottes als reine Liebe, die ohne Dogma und ohne Höllenstrafen auskommt. Tendenziell entwickelt Religion sich zugleich weg von einer definitionsmächtigen Klerikerkaste. Schon Luther sieht und anerkennt das allgemeine Priestertum aller Gläubigen.

Die Reformation ist ein Akt der Befreiung, jedoch kein Akt etwa

---

[31] Max Heindel: Die Botschaft der Sterne. Sils-Maria o. J. (2007 – zuerst Leipzig 1921), S. iii.

der »Ent-Dogmatisierung«. Die verheerende Ablasspraxis wird revidiert, aber die Hölle beharrt auf ihrem Existenzanspruch. Die Aufklärung mit ihrer Maxime vom Mut, sich des eigenen Verstandes zu bedienen, ist ebenfalls ein Akt der Befreiung – und dann tritt in der Französischen Revolution die Vernunft in die Fußspuren des Dogmas. Die Schandtaten der Französischen Revolution geschehen im Namen der Vernunft. Im 19. Jahrhundert stehen Kirche(n) und Wissenschaften als jeweils dogmatische Lager einander gegenüber. Die Wissenschaften bilden das erfolgreichere Lager. Im 19. Jahrhundert allerdings treten aufseiten der Religionen Sondergruppen und Unterströmungen mit größerem Nachdruck und weiterreichender Einflussnahme in Erscheinung. In die erste Hälfte des 19. Jahrhunderts fällt die Neuoffenbarung eines Jakob Lorber.[32] Um die Jahrhundert-Mitte wird vor allem durch die Forschungsarbeit von Allan Kardec der Spiritismus entwickelt.[33] Seit 1875 ist die theosophische Bewegung im Gange. Diese Entwicklungen und Gruppen agieren zunächst ebenfalls dogmatisch und gehen von einer jenseitigen richtenden und strafenden Instanz aus. Die Theosophie hat die religiöse Idee von Karma und Wiedergeburt nach Europa gebracht und dort populär gemacht – allerdings eben auch mitsamt der Furcht vor »schlechtem Karma«, vor endlosen Strafrunden auf dem Rad des Lebens und des Todes. Erst im 20. Jahrhundert löst sich die schwere Wolke der Karma-Furcht langsam auf. Die sanft-spirituelle Hippie-Bewegung in den 60er-Jahren geht dem New Age

---

[32] Zu Jakob Lorber und seinen Offenbarungen, die er über eine innere Stimme nahe bei seinem Herzen hörte und als »Schreibknecht Gottes« niederschrieb, vgl. https://de.wikipedia.org/wiki/Jakob_Lorber - Abruf am 04.04.2019; außerdem die umfassende Einbettung der Neuoffenbarung Jakob Lorbers in den Kontext christlicher Esoterik, in: Gottfried Briemle: Wer Ohren hat, der höre. Esoterisch-christliche Wege zum Seelenheil. Aulendorf 1997, insbes. S. 149 ff.

[33] Vgl. zu Allan Kardec https://de.wikipedia.org/wiki/Allan_Kardec - Abruf am 04.04.2019. Kardec war ursprünglich begnadeter naturwissenschaftlicher Pädagoge, dem es gelang, Naturwissenschaften in Bild und Experiment populär zu machen. Dem Spiritismus stand Kardec zunächst ablehnend gegenüber; er glaubte an eine schnelle Widerlegung bzw. Entlarvung spiritistischer Machenschaften.

voraus. Letzterem scheint die Erlösung der Welt vom dogmatischen und strafenden Gott zu gelingen.[34]

4.5. Wahrsagung

Alan Leo, um den Faden wieder aufzugreifen, fand sich bei aller Modernität seiner Astrologie bis auf Weiteres auf deren eher dogmatischer Seite wieder: Kocku von Stuckrad berichtet, dass Alan Leo 1914 und später wegen »Wahrsagerei« vor Gericht gezerrt wurde. Sein Anwalt riet ihm, nicht mehr Ereignisse, sondern psychische Entwicklungen zu prognostizieren. So habe Alan Leo dazu beigetragen, dass das psychologische Paradigma in der Astrologie Fuß fassen konnte.[35]

Dass Alan Leo nebenbei noch aus juristischen Motiven die psychologische Astrologie erfunden habe, klingt allerdings zu schön, um wahr zu sein. Die theosophisch eingefärbte Deutung astrologischer Bausteine kann man, wie wir gleich sehen werden, getrost als »wahrsagerisch« einstufen. Hören wir beispielsweise den Zeit- und

---

[34] Ich meine das so, wie ich es hier sage: In den alten Zeiten mussten die Götter (ängstlicher Blick nach oben) beschwichtigt und besänftigt werden. Gott als Bündnispartner, wie im Alten Testament, war da schon von anderer Qualität. Aber der hatte auch so seine Eigenheiten und Vorbehalte. Denn die Menschen taten, was sie immer taten: nicht wirklich zu genügen, sondern stattdessen vor sich hin zu scheitern. An der Menschheit gab es immer etwas herumzumäkeln. Welche Befreiung dann durch Jesus: »Das Himmelreich ist mitten unter euch und inwendig in euch« (Luk. 17, 21). Freilich obsiegte dann doch der paulinische Pessimismus, der neben dem ewigen Leben die Möglichkeit des Verderbens nicht ausschließen mochte (vgl. Gal. 6, 8). Die Wunder der Welt gab es nie ohne den moralischen Zeigefinger, Freude gab es nie ohne den Wermutstropfen submissivster Frömmigkeit. Kein kindliches Staunen ohne das »Ja, aber« der Erwachsenen. Aufklärerischer Atheismus und Agnostizismus versuchten, ganz ohne Gott auszukommen – fortan galt ein Diktat materialistisch-mechanistischer Vernunft. Das Geheimnis besteht in der Spiritualisierung der Welt selbst, und der Mensch hat innig an dieser Welt und ihrer Spiritualisierung teil. Und dann bedarf es auch keines mäkelnden und strafenden Gottes mehr.

[35] Vgl. die Darstellung in Stuckrad 2007, S. 309.

Gesinnungsgenossen von Alan Leo noch einmal, Max Heindel von der *Rosicrucian Fellowship*:

> Jupiter im 10. Haus, wenn gut aspektiert, kann als einer der besten Hinweise für ein besonders erfolgreiches und rechtschaffenes Leben gewertet werden. Vor allem dann, wenn die Gesamtkonstellation Jupiter durch gute Sonnen-Saturn- oder Mond-Aspekte unterstützt, wird der Betreffende in eine hohe Stellung in Kirche, Staat oder Rechtsinstitutionen aufsteigen können. Er gewinnt damit Wohlstand, Auszeichnung und gesellschaftliche Anerkennung. Was ihm Gutes zuteil wird, ist nicht unverdient, denn sein Charakter entspricht den Jupitertugenden aufs beste.[36]

In SCHLÜSSELWORTE ZUR ASTROLOGIE, einem modernen, psychologisch orientierten Deutungsbuch, heißt es an der entsprechenden Stelle zu Jupiter im 10. Haus:

> »Stärke: *Der Boss.* Großes Vertrauen in die Fülle seiner beruflichen Möglichkeiten. Glück und gute Beziehungen begünstigen den beruflichen Aufstieg, wird von anderen unterstützt. Braucht eine würdevolle respektable Funktion und kommt leicht in Führungspositionen. Strahlt Vertrauen aus und kann andere gut motivieren. Versteht es ausgezeichnet, ein Unternehmen nach außen zu repräsentieren.[37]

Die Deutung von Max Heindel kann dazu verleiten, einfach darauf zu warten, dass sich der Erfolg schon einstellen werde. Die Deutung von Banzhaf und Haebler betont das Motiv des Vertrauens und der Ausstrahlung von Vertrauen. Heindel schreibt einfach zu. Banzhaf/Haebler hingegen motivieren. Heindel ist der sichtbaren Welt des Erfolgs verhaftet, Banzhaf/Haebler führen die Erfolgsmöglichkeiten zurück auf Vertrauen und Unterstützung. Ein weiteres Beispiel:

> Neptun im Quadrat oder Opposition zur Venus veranlagt den Menschen zu Sorgen, Verlusten und Schwierigkeiten, die besonders durch den Ehepartner

---

36 Heindel (2007), S. 239 f.

37 Hajo Banzhaf/Anna Haebler: Schlüsselworte zur Astrologie. 4. Aufl. Tübingen 2020, S 207.

> entstehen oder durch sonst jemanden, dem er vertraut. Leute mit diesen Aspekten sollten besonders vorsichtig sein, um alles zu vermeiden, was ein Element des Risikos oder der Spekulation in sich trägt, denn es ist fast sicher, dass er verliert.[38]

Banzhaf und Haebler deuten folgendermaßen:

> Missklang: *Der Liebesrausch.* Unstillbare grenzenlose Sehnsucht, die hochgradig verführbar macht. Abgehobene Liebe und Liebesrausch mit anschließender herber Ernüchterung. Sich in trügerischen, irreführenden Wunschbildern und verwirrenden, unklaren Beziehungen verlieren. Mit Rauschmitteln als Aphrodisiaka gewaltsam abheben. Erotische Entgleisungen. Flucht in Sucht und Rausch. In der Liebe betrogen werden und/oder andere betrügen. Als Folge nachhaltiger Enttäuschungen oder aus instinktiver Angst vor Enttäuschungen wirklichen Begegnungen ausweichen und nur Träumen nachhängen ... Kitschige Geschmacksverirrungen.[39]

Wiederum schreibt Heindel einfach behauptend zu, und es geht dabei vorwiegend um finanzielle Verluste. Die Deutung ist zugleich ein Beispiel für die stark personen- und sachbezogene Deutung der Faktoren: Die Venus an und für sich ist auch ein Symbol des Geldes, ist zugleich auch das Symbol für den Partner, die Partnerin.

Thomas Ring übt mit seiner Blickumstellung zum psychologischen, selbstbestimmenden Paradigma gegenüber der etablierten Astrologie aus ganz anderen Motiven Kritik:

> Das Verfängliche der im Umlauf befindlichen Aphorismenbücher besteht darin, dass sie die Grundkombination zu ersparen scheinen, als handle es sich um Rezepte, die ein für alle Mal stimmen und zum bloßen Zusammensetzen starrer Wortblöcke verleiten.[40]

Es ist, mit anderen Worten, genau die starre, durchorganisierte Zusammenführung von Textbausteinen, wie Alan Leo und seine Beratungsfirmen sie praktizierten, welche einer psychologisch

---

[38] Heindel (2007), S. 163.

[39] Banzhaf/Haebler 2020, S. 257.

[40] Vgl. Ring 1989, S. 24.

revidierten Astrologie und ihrer Anerkennung eines selbstbestimmenden Faktors Hohn spricht.

Das letzte Viertel des 19. Jahrhunderts und das erste Viertel des 20. Jahrhunderts künden von einem ungewöhnlichen Aufbruch der Astrologie, zu dem auch eine Reihe von Blickumstellungen gehören. Dabei sind die Pioniere von gestern die Bremsklötze von heute. Die folgende Tabelle versucht einen Überblick zu geben:

Status der Astrologie	Blickumstellung	Vertreter
Nach Aufklärung und Positivismus obsolet und bedeutungslos gewordene Astrologie.	Charakterkundliche Neuorientierung, Standardisierung und Popularisierung der Astrologie.	Alan Leo, 1889 und später.
Säkularisierte Astrologie.	Spirituelle, theosophische Astrologie.	Alan Leo, nach 1890.
Schicksalsorientierte, wahrsagerische, karmische Astrologie.	Psychologische Astrologie, Freisein vom Schicksalszwang, selbstbestimmender Faktor.	Herbert Frhr. v. Klöckler, Thomas Ring und andere seit etwa 1920.
Unbestimmtheit der Prognose; bloße Tendenzprognose.	Erweiterung der Faktoren-Analyse und der Deutungstechniken.	Hamburger Schule seit etwa 1920.

4.6. Orakelpraxis in der Antike: Astrologie als Paradigmenwechsel

Was prognostische Verfahren der Antike angeht, so dominiert die vorwiegend intuitive Orakelpraxis. Dies gilt insbesondere für den griechischen Kulturraum. Das Orakelmedium, meist weiblich, versetzte sich in Trance, die oft durch bewusstseinserweiternde

Substanzen induziert wurde, etwa durch Erddämpfe oder durch Wein. Eine große Rolle spielte die Traum-Inkubation beim Ratsuchenden. Der Ratsuchende wurde gewissermaßen therapeutisch an der Stätte des Orakels noch einmal auf sein Anliegen eingestimmt. Diese Einstimmung diente dem Ratsuchenden dazu, über eigene nächtliche Träume eine Antwort auf seine Fragen zu erhalten.[41]

Georges Minois spricht mit Blick auf die vielfältigen Methoden von Mantik und Wahrsagung von der »Gabe der induktiven Wahrsagung« und betont, dass Wahrsagung damit nicht als »übertragbare Wissenschaft« gilt.[42]

Die Astrologie hat natürlich Teil an der induktiven, intuitiven mantischen Praxis. Aber sie beruht auf genauer Beobachtung und unterliegt damit nicht nur einer gewissen Kontrolle. Sie kann vermittelt, »unterrichtet« werden. Man darf also fragen, ob nicht das Aufkommen der Astrologie im nahöstlichen bzw. griechischen Kulturraum als solches einen ganz erheblichen Paradigmenwechsel auf dem Gebiet der Mantik darstellt.

---

[41] Vgl. Matthias Hackemann: Orakel, Seher und Propheten. Wie die Antike in die Zukunft sah. Köln 2010, S. 45–61.

[42] Georges Minois: Die Geschichte der Prophezeiungen. Düsseldorf 2002, S. 71.

5. Das geheime Paradigma der zusätzlichen Faktoren

5.1. Der Zwang der Zuordnung

Die Sprache der Astrologie war, grob gesprochen, um die Zeitenwende hinlänglich genau ausformuliert. Der Kern der modernen Astrologie unterscheidet sich nicht allzu sehr von der Astrologie der hellenistischen Zeit. Moderne Astrologen, die das Paradigma der psychologischen Astrologie verinnerlicht haben, können ohne allzu große Mühe Texte wie den TETRABIBLOS von Claudius Ptolemäus lesen und verstehen, ein Text, der immerhin an die 1900 Jahre alt ist. Deutungs- bzw. Prognosetechnik haben sich seither nicht entscheidend verändert. Das mittelalterliche, auf Ptolemäus aufbauende Handbuch für alle astrologischen Lebenslagen, der LIBRO CONPLIDO EN LOS IUDICIOS DE LAS ESTRELLAS, ist dem modernen Astrologen ebenfalls ohne Weiteres zugänglich.

Die relativ stärkste Veränderung erlebte in der Sprache der Astrologie die »Wortart« der Planeten. Seit 1781 ist Uranus, seit 1845 Neptun und seit 1930 Pluto in den entsprechenden Wortschatz mit aufgenommen. Uranus, Neptun und Pluto wurden überdies als Herren auch einem bestimmten Tierkreiszeichen zugeordnet, was nicht selbstverständlich ist. Die alte Spiegelsymmetrie des Tierkreises mit der Symmetrieachse auf 0° Löwe bzw. 0° Wassermann wurde damit aufgehoben. Dafür begann nun die Spekulation, ob nicht den zwölf Tierkreiszeichen zwölf unterschiedliche Faktoren zugeordnet werden müssten. Aus der klassischen Symmetrie der beiden Lichter und der fünf Planeten war ein offener Zuordnungskreis geworden. Der freilich geriet zu einem Zwang. Vorerst gab es folgende Zuordnungsversuche:

Tierkreiszeichen	Zuordnungen	Varianten
Widder	Mars	Pluto[43]
Stier	Venus	Proserpina (X)[44]
Zwillinge	Merkur	
Krebs	Mond	
Löwe	Sonne	
Jungfrau	Merkur	Aeolus (Y)[45], Chiron[46]
Waage	Venus	Isis/Transpluto[47]
Skorpion	Mars	Pluto
Schütze	Jupiter	
Steinbock	Saturn	
Wassermann	Saturn	Uranus
Fische	Jupiter	Neptun

Wir sehen, dass die Grenzen zwischen hypothetischen und faktischen Planeten hier fließend sind. Wir sehen ferner, dass die »Mitte des Tierkreises« um die Zeichen Jungfrau und Waage herum der Ort der heimlichen Geburt hypothetischer Planeten ist. Bei Merkur und Venus ist noch Luft nach oben zu den hohen und höchsten Oktaven.

---

43 Pluto wird in der astrologischen Systematik der Österreichischen Astrologischen Gesellschaft dem Widder zugeordnet. Diese Zuordnung ist auch in den USA verbreitet, vgl. https://www.astro.com/astrowiki/de/Pluto

44 Proserpina, auch Demetra genannt, ist einer der hypothetischen Faktoren im astrologischen System der Italienerin Lisa Morpurgo (1923–1998), gewissermaßen die weibliche Gegenspielerin des Pluto und daher im Zeichen Stier im Domizil (vgl. https://en.wikipedia.org/wiki/Lisa_Morpurgo

45 Aeolus ist im astrologischen System von Lisa Morpurgo entsprechend Gegenspieler von Neptun und folglich in Jungfrau im eigenen Zeichen, vgl. https://en.wikipedia.org/wiki/Lisa_Morpurgo.

46 Chiron, einer der aus dem Kuipergürtel stammenden Kentauren, wird von Eva Stangenberg der Jungfrau zugeordnet, vgl. Eva Stangenberg: Chiron im Horoskop. Die Brücke zum Selbst. Tübingen 2015, S. 121 ff.

47 Transpluto spielte eine Zeit lang in der Kosmobiologie von Reinhold Ebertin (Kosmobiologische Akademie Aalen) eine Rolle und wird in der der Kosmobiologie nahen Systematik des Schweizer Astroforums nach wie vor angewendet, vgl. https://de.wikipedia.org/wiki/Transpluto und https://jd.saf.ch

5.2. Hypothetische Planeten

Die *Hamburger Schule* bringt es auf acht hypothetische Planeten, die jenseits von Pluto in Umlauf sein sollen: Cupido, Hades, Zeus, Kronos, Apollon, Admetos, Vulkanus und Poseidon. Holger Stenson-Raché, in der Zwischenkriegszeit Astrologe in Berlin und dann seit Ende der Vierzigerjahre in München, entlehnte den Vulkanus direkt der Hamburger Schule und ordnete ihn dem Zeichen Jungfrau zu. Für Stenson-Raché war damit Transpluto der Planet der Waage.[48] Udo Walendy ging ähnlich vor wie Alfred Witte und kam auf sechs zusätzliche Faktoren: Pirus, Expire, Utos, Artex, Rino und Solur.[49]

Die Einführung von zusätzlichen hypothetischen Planeten – auf diese Idee wäre die traditionelle klassische Astrologie wohl kaum gekommen. Traditionelle Astrologen bauten auf den Entdeckungen der beobachtenden Astronomie auf, eine andere gab es gar nicht; und hypothetische Planeten lassen sich bis auf Weiteres schlecht beobachten. Die traditionelle Astrologie hatte eine genügend reiche, genügend differenzierte Sprache entwickelt, um alle Erscheinungen dieser Welt astrologisch fassen und beschreiben zu können. Das bedeutet nicht, dass die traditionelle Astrologie frei von Aussagegrenzen gewesen wäre. Und es bedeutet auch nicht, dass die traditionelle Astrologie nie versucht hätte, durch präzisere und methodisch schlüssigere Techniken die jeweils geltenden Aussagegrenzen etwas weiter nach außen zu verschieben.

Das bedeutet auch nicht, dass die Vermutung unerkannter Planeten und die Suche nach ihnen von vornherein unsinnig wäre. Freilich muss die Suche am Ende in den Bereich des Beobachtbaren führen. Es ist merkwürdig, um nicht zu sagen fragwürdig, dass die *Hamburger Schule* nach dem Ersten Weltkrieg acht Transneptun-Planeten »findet«, dabei aber in keiner Weise auf Pluto stößt. Es mutet

[48] Vgl. die Darstellung in meiner Publikation *Wege der Astrologie. Schulen und Methoden im Vergleich*. Mössingen 1996, S. 134–137.

[49] Vgl. ebda., S. 120–123.

seltsam an, dass Udo Walendys sechs hypothetische Planeten weder zu den Hamburgischen Transneptunern passen noch zu inzwischen entdeckten Objekten des Kuipergürtels.

Ich halte die Vermutung hypothetischer Planeten und die Suche nach ihnen für das Zeichen eines Reife- bzw. Spätstadiums. Das Lehrgebäude der Astrologie ist nicht mehr geschlossen. Das Lehrgebäude zeigt Risse, es gibt gleichsam Stellen, an denen es durch das Dach regnet.

Hypothetische Planeten spielen nicht nur innerhalb der Astrologie eine Rolle. Der Altertumswissenschaftler und Astroarchäologe Zecharia Sitchin postuliert in Ableitung aus sumerischen Quellen einen Planeten namens *Nibiru*, der in einer langgezogenen Ellipse im Verlauf von 3600 Jahren um die Sonne kreist. Nibiru, so Sitchin, sei von außen ins Sonnensystem eingedrungen; Nibiru sei mit einem damaligen Planeten kollidiert, dessen Bahn zwischen Mars und Jupiter verlief. Dieser Planet sei zerbrochen. Die eine Hälfte sei dann zu Erde und Mond geworden, die andere Hälfte bilde den heutigen Asteroidengürtel.[50]

Die planetare Katastrophe ist ein bedeutendes Motiv in der Kosmologie des Sonnensystems. Der Asteroidengürtel ist nach Jakob Lorber das, was von der Zerstörung eines hypothetischen Planeten namens Mallona übrig geblieben ist.[51] Dieser Planet war von Menschen bewohnt, die den Planeten in ihrer technischen Hybris zerstörten.

Im Jahr 1950 erschien Immanuel Velikovskys Buch WELTEN IM ZUSAMMENSTOß, welches eine katastrophistische Sichtweise auf Ereignisse der letzten 5000 Jahre vorstellt. Velikovsky kommt zu der Überzeugung, dass durch eine kosmische Katastrophe Masse von Jupiter »abgesprengt« wurde und sich in einer Proto-Venus

---

[50] Vgl. Zecharia Sitchin: Der zwölfte Planet. München 1987, sowie: https://www.gwup.org/infos/themen/91-prae-astronautik/337-fehler-und-fehlinterpretationen-zecharia-sitchins

[51] Vgl. Klaus W. Kardelke: Der Asteroiden-Planet Mallona, dargestellt nach der Neuoffenbarung durch Jakob Lorber. Lorber-Gesellschaft Bietigheim 1980.

sammelte; diese kreiste als »Komet« auf einer unregelmäßigen Bahn durch das innere Sonnensystem. Die Venus sollte sowohl mit ihrem »Kometenschweif« als auch durch ihre Gravitation und ihre elektromagnetische Wirkung die Erde mehrfach verwüstet haben. Das Jahr hatte zuvor weniger als 360 Tage und änderte sich durch diese Umbrüche im 2. Jahrtausend v. Chr. zu einem Jahr mit 360 Tagen. Ebenfalls wurde der Mars in seiner Umlaufbahn von der Venus gestört, was als »Kampf der Götter« in die Mythen, wie zum Beispiel die Ilias einging. Mars kam danach der Erde mindestens zweimal im 7. Jahrhundert v. Chr. nahe und richtete globale Verwüstungen an. Durch diese Interaktion soll sich das Jahr nochmals zu einer Länge von 365¼Tagen geändert haben, während sich die Bahnen von Mars und Venus in der nachfolgenden Zeit stabilisierten.[52]

Kehren wir zurück zur Astrologie. Jede Neuerung in der Astrologie, jede technische Erweiterung will die Genauigkeit der Deutung steigern, will charakterkundliche und prognostische Zuschreibungen sicherer und zutreffender machen. Dieses Ansinnen widerspricht in eigentümlicher Weise der Überzeugung moderner Astrologen, dass die (psychologische) Astrologie gar nicht die Aufgabe hat, präzise und mit Trefferquoten von nahe 100 % charakterliche Merkmale bzw. eintretendes Schicksal vorherzusagen. Die Astrologie spricht über Möglichkeiten und Wahrscheinlichkeiten. Die Sterne »machen geneigt, zwingen aber nicht«. Und doch üben sie über ihre eigentümliche Systematik subtilen Zwang aus. Es ist ein Zwang zur Harmonie, ein Zwang zur Vollständigkeit. *Kosmos* bedeutet im Altgriechischen u.a. »Ordnung«, und um der Ordnung Willen greift man zu zusätzlichen Annahmen.

---

52 Zit. n. https://de.wikipedia.org/wiki/Immanuel_Velikovsky

5.3. Asteroiden, Kleinplaneten, Fixsterne

Noch einigermaßen unverfänglich ist der sehnsüchtige Blick nach zusätzlicher Deutungsgenauigkeit in den Reichen des Asteroidengürtels, des Kuipergürtels und der Fixsterne. Asteroiden, Kleinplaneten und Fixsterne sind zugleich astronomische Objekte. Man kann Ephemeriden für diese Objekte erstellen, man kann sie ins Horoskop eintragen. Und man kann prüfen, ob sich schicksalhafte Entwicklungen zeigen. Das Problem ist, dass man sehr schnell den Wald vor lauter Bäumen nicht erkennt. Fixsterne gibt es allein in unserer Heimatgalaxie 100 bis 300 Milliarden. Die Objekte in den beiden Gürteln zählen nach Hunderttausenden. Wie will man entscheiden, welche Objekte, welche Fixsterne, welche Kleinplaneten für die Deutung »wichtig« sind?

Wenn überhaupt, dann ist das nur mithilfe einer radikalen Reduktion möglich. Erfahrungsgemäß steht ein Planet im Horoskop dann »stark«, wenn er sich »in Konjunktion« mit dem Aszendenten, dem Medium Coeli, der Sonne und dem Mond befindet. Das mag dann ja auch für Faktoren aus den Gürteln bzw. für Fixsterne gelten. Besonders radikal ist diese Reduktion noch nicht. Man kann sich weitere Kriterien ausdenken, zum Beispiel, dass die zu untersuchenden Faktoren bis zu einer bestimmten Obergrenze, etwa bis zu ± 7° ekliptikaler Breite, in der Ekliptik selbst liegen müssen.

Auch dieses Kriterium hilft noch nicht wirklich, Bäume und Unterholz zu lichten. Machen wir uns nichts vor – den Wald erkennen wir, was die Anwendung von Asteroiden und Kleinplaneten betrifft, wohl ohnehin nur dann, wenn wir weitgehend auf diese Zusatzpunkte verzichten.

5.3.1. Fixsterne

Eine Ausnahme bilden vielleicht die Fixsterne. Deren Verwendung in der Astrologie ist meist verhältnismäßig moderat. Hier dominiert die Macht der Überlieferung: Ptolemäus führte eine Fixstern-Liste, auf der insgesamt 1024 Fixsterne verzeichnet waren. Es handelte sich ausschließlich um Fixsterne unserer Heimatgalaxie. Davon kamen etwa 100 in Gebrauch. Michael Uhle berücksichtigt 112 Fixsterne[53], Bernadette Brady rund 60.[54]

5.3.2. Extraterrestrische Zivilisationen und die Deutung der Fixsterne

Außerirdische! Man ahnt, eine Reihe von Leserinnen und Lesern tippt sich hörbar gegen die Stirn. Hat der Schubert-Weller denn noch einen Schrank für seine Tassen? – Aber wenn wir schon Kinder der Milchstraße sind, dann sind wir sehr wahrscheinlich nicht die einzigen. Dann ist zu erwarten, dass das Leben auf dem dritten Planeten des Sonnensystems nicht das einzige Leben darstellt; dann ist zu erwarten, dass die Menschheit nicht das einzige galaktische Beispiel einer Zivilisation ist. Der Abstand der Erde von der Sonne bzw. vom Mond, die Positionierung des Mondes, des Jupiters und des Saturn als äußerst effiziente Staubsauger, die die Erde weitgehend vor heftigen Asteroiden-Einschlägen schützen: Alles ist genau richtig so, damit es dem Schutz des Lebens auf der Erde dient. Das lässt den ganz anderen Schluss zu, dass Leben exklusiv auf der Erde entstehen sollte und nirgendwo sonst.

Wir kennen Leben, soweit ich blicke, auf Kohlenstoffbasis. Ist Leben auf Kohlenstoffbasis als einzige Basis begrenzt? Hat Leben sich zufällig entwickelt? Ist Leben überhaupt begrenzbar? Wir ahnen, dass wir herzlich wenig über die fördernden und hindernden Bedingungen des Lebens wissen. Wir ahnen aber auch, dass das Universum vor lauter Leben geradezu birst! Jedes Biotop ist genau so eingerichtet, dass das in ihm wohnende Leben optimal behütet ist. Warum soll das nicht auch für solare, für galaktische Biotope gelten?

Insofern sollte sich die Menschheit nicht weiter wundern, wenn sie feststellt, dass ihre Zivilisationsversuche nicht die einzigen in der

---

[53] Michael Uhle: Die Fixsterne. Ihre Bedeutung in der Astrologie. Tübingen o. J. (Nachdruck der Ausg. von 1927).

[54] Bernadette Brady: Brady's Book of Fixed Stars. York Beach/Maine 1998.

Galaxis sind. Es mag gute Gründe geben, warum man Berührungen zwischen Menschen und Aliens bis auf Weiteres nicht an die große Glocke hängt, aber auf Dauer ist ein Totschweigen derartiger Kontakte nicht sinnvoll, nicht erwünscht. Schon jetzt gibt es jede Menge Enthüllungsliteratur über angebliche bisher geheim gehaltene Kontakte.[55] Zahlreiche Wesenheiten von anderen Fixsternen werden mittlerweile von Medien gechannelt. Alles nur frommer Mumpitz? Alles nur vorsätzliche oder fahrlässige Täuschung? Irgendetwas ist da und macht sich bemerkbar. Denkbar wäre noch, dass das, was da an die Pforten unseres Bewusstseins klopft, von innen her klopft. Dass wir Menschen also nicht die einzigen Intelligenzler auf Erden sind. Gewissheit herrscht keineswegs schon. Aber ich bin dafür, am Runden Tisch der Sternkunde vorsorglich noch ein Gedeck für die Außerirdischen aufzulegen.

Ein gemeinsames Thema von Astrologie und extraterrestrischer Zivilisationsforschung sind natürlich die Fixsterne. Die eine Frage lautet: Gibt es eine Entsprechung zwischen astrologischer Deutung eines Fixsterns und dem Sosein der dort siedelnden Völker, Rassen und Intelligenzen? Im Sinn einer kleinen Denkübung können wir uns ja die Frage stellen, ob zum Beispiel in der Sirianischen Astrologie der Fixstern namens Sonne als Wohltäter oder als Malefizstern gedeutet wird.

5.4. Besondere Häusersysteme

Die traditionelle und die moderne Astrologie arbeiten in der Regel mit jeweils einem einzigen Häusersystem, auch wenn verschiedene Manieren in Gebrauch sind. Traditionell wird in der Antike meist

---

[55] Etwa: Jim Marrs: Die geheime Geschichte der Menschheit. Wie Wesen von fremden Sternen unsere Geschicke bestimmen. Rottenburg a. N. 2013; William Bramley: Die Götter von Eden. Peiting 1990. – Einen guten Überblick auf dem Stand des Jahres 2000 bietet: Johannes Holey: Bis zum Jahr 2012. Der Aufstieg der Menschheit. Fichtenau 2. Aufl. 2001, S. 103–125.

eine inäquale Häusermanier nach Alcabitius oder Porphyrios verwendet. Aber auch äquale Manieren sind in Gebrauch, etwa: Ganzzeichen-Häuser oder solche, die ab dem Aszendenten gezählt werden. In der frühen Neuzeit ist das System nach Regiomontanus das meistgebräuchliche.[56] Moderne Astrologie arbeitet meist mit inäqualen Systemen wie Placidus oder mit dem GOH-System.

Verblüffend vor diesem Hintergrund ist die parallele Verwendung ganz unterschiedlicher Häusersysteme. Soweit ich blicke, hat hier Johannes Vehlow den Anfang gemacht. Vehlow arbeitet mit äqualen Häusern, und zwar so, dass der Aszendent die Mitte des 1. Hauses ist. Zugleich setzt Vehlow ein weiteres System, nämlich die Sonnenhäuser, in Parallele. Nach dieser Häusermanier ist die Sonne die Mitte des 1. (Sonnen-)Hauses.[57] Soweit erkennbar, ist bei den Astrologen, die mit äqualen Häusern arbeiten, jeweils der Aszendent selbst die Spitze des 1. Hauses.[58] Die Anwendung von »Sonnenhäusern« geschieht da, wo keine genaue Geburtszeit vorliegt.[59]

Die *Hamburger Schule* wendet parallel folgende Häusersysteme an:

- MC-Häuser: Das Medium Coeli ist die Spitze des 10. Hauses; die Häuser sind nahezu äqual.
- AC-Häuser: Der Aszendent ist die Spitze des 1. Hauses; die Häuser sind äqual.
- Mond-Häuser: Der Mond bildet die Spitze des 10. Hauses: die Häuser sind äqual.
- Sonnen-Häuser: Die Sonne bildet die Spitze des 4. Hauses; die Häuser sind äqual.
- Mondknoten-Häuser: Der aufsteigende Mondknoten bildet die Spitze des 1. Hauses; die Häuser sind äqual.

---

[56] Vgl. Gil Brand 2000, S. 209–217.

[57] Vgl. meine zusammenfassende Darstellung in: Schubert-Weller 1996, S. 130 ff.

[58] So etwa Bernd A. Mertz in seinen Veröffentlichungen.

[59] Man behelfe sich mit »Sonnenhäusern«, wenn keine genaue Zeit bekannt sei – so mein astrologischer Lehrer in den 70er-Jahren auf eine entsprechende Frage von mir.

Eine echte Konkurrenz scheint es zwischen der Häusermanier nach Placidus und dem GOH-System nach Dr. W. Koch zu geben. Astrologen in West- und Mitteleuropa und teilweise in den USA sind auf Placidus eingeschworen; die Schweiz benutzt ganz überwiegend das GOH-System. Auch die kosmobiologische Astrologie verwendet das GOH-System. Der Versuch, die beiden Systeme freundlich miteinander zu versöhnen[60], führte auf den Gedanken, die Placidus-Häuser im Horoskop dem »Genotyp« des Horoskopeigners gleichzusetzen, die GOH-Häuser dem »Phänotyp«.

Der Genotyp ist gewissermaßen die Summe aller Erbinformationen eines Organismus. Das macht allerdings nicht schon das Erscheinungsbild des betreffenden Organismus aus, die Merkmale, die sozial und psychologisch und umweltbedingt den zugehörigen Phänotyp zum Ausdruck bringen. Die astrologischen Unterschiede beziehen sich auf unterschiedliche Häuserherren und auf unterschiedliche Häuserbesetzungen, in der Regel fünf, sechs einzelne Merkmale, deren jeweilige Relevanz für die Triftigkeit der Deutung eher ungewiss bleibt. Hierauf eine Unterscheidung zwischen Genotyp und Phänotyp zu gründen, ist recht gewagt und wird der Sache nicht gerecht. Eineiige Zwillinge sind genotypisch identisch, phänotypisch aber nicht. Nehmen wir an, ein eineiiges Zwillingspaar wird im Abstand von zehn Minuten geboren. In den Horoskopen der beiden Zwillinge liegen Achsen und Zwischenhäuser-Spitzen um 2 bis 3 Grad auseinander. Damit ist bereits klar, dass die Placidus-Häuser mit dem Genotyp nichts zu tun haben können. Und für den Fall, dass die Zwillinge gleichzeitig geboren werden, ist desgleichen klar, dass die GOH-Häuser nichts über den jeweiligen Phänotyp zu sagen haben.[61]

---

[60] Dr. Walter Koch hatte in den 60er-Jahren recht kräftig und wenig diplomatisch Werbung für seine Entwicklung der GOH-Häuser gemacht, was nicht überall gut aufgenommen worden war. Zu der Geschichte der Häuser: Dr. Walter Koch und Wilhelm Knappich, Horoskop und Himmelshaus. Tübingen 2020

[61] Soweit ich mich erinnere, wurde in den 90er- Jahren im Deutschen Astrologen-Verband eine solche geno- und phänotypische Unterscheidung der beiden Häusermanieren –letztlich ergebnislos – diskutiert

Gewissermaßen eine Variante bei der Anreicherung der Häusersysteme ist der Versuch, die Faktoren des Horoskops je nach ihrer Detailstellung im jeweiligen Horoskophaus mit zusätzlichen Deutungen zu versehen. Die Huber-Schule hat dies auf der Grundlage der GOH-Häuser mit einer Dreiteilung des jeweiligen Hauses nach den Regeln des Goldenen Schnitts versucht (Einführung von Invert- und Talpunkt, Dynamische Auszählung von Planeten und Faktoren aufgrund ihrer Stellung im Haus). Aus Platzgründen kann ich hier nicht näher auf diese Technik eingehen.[62]

5.5. Halbsummen, Antiszien, Lose: Sensitive Punkte im Horoskop

5.5.1. Halbsummen

Erklären wir zunächst das Konstruktionsprinzip der *Halbsumme.*[63] Es ist dann etwas einfacher, sich das Prinzip der Antiszienberechnung klar zu machen: Eine Halbsumme ist nichts anderes als die arithmetische Mitte zwischen zwei gegebenen Faktoren in einem Horoskop. Und da es sich bei einem Horoskop um einen Kreis handelt, gibt es stets zwei derartiger Mittelpunkte, und zwar um 180 Grad versetzt. In einem Horoskop seien folgende Faktoren gegeben:

- Merkur 20.21 Stier
- Pluto 15.53 Löwe
- Mond 03.38 Krebs
- Uranus 03.02 Krebs
- Mondknoten-Achse 05.59 Widder (/Waage)

---

[62] Vgl. den Überblick in Schubert-Weller 1996, S. 212–225, dort auch weitere Verweise.

[63] Das Standardwerk zur Halbsummentechnik und -deutung ist: Olaf Staudt: Halbsummen in der Astrologie. Tübingen 2011. Ein moderner Klassiker mit Deutungen ist das Buch Kombination der Gestirneinflüsse von Reinhold Ebertin (18. Aufl., Tübingen 2018).

Der einigermaßen geübte Astrologe erkennt schon mit bloßem Auge, dass Mond und Uranus in der »direkten Halbsumme« von Merkur und Pluto stehen. Diese bilden zugleich einen Aspekt (Quadrat) zueinander. Die genaue Halbsumme wird folgendermaßen berechnet: Die Faktoren werden mit ihrem Wert ab 0 Grad Widder angegeben. Diese Werte werden addiert, die Addition wird durch 2 geteilt. Das Ergebnis ist ebenfalls ein Wert ab 0 Grad Widder, der dann auf seine Tierkreisposition umgerechnet wird:

Merkur: 20.21 Stier	= 50.21 Widder
Pluto: 15.53 Löwe	= 135.53 Widder
Summe	**= 186.14 Widder**
Halbsumme (: 2)	= 93.07 Widder/Waage
	= 3.07 Krebs/Steinbock

Man schreibt Mond = Merkur/Pluto.

Der Orbis darf großzügig mit bis zu 4 oder 5 Grad angesetzt werden. Wir haben es, wie gesagt, hier mit einer direkten Halbsumme zu tun: Ein Faktor, nämlich Mond und Uranus, steht direkt auf der Achse dieser Halbsumme. Im Quadrat dazu verläuft, wie wir sehen, die Knotenachse. Es gilt also auch Mondknoten = Merkur/Pluto. Man spricht hier auch von einer indirekten Halbsumme. Die Kosmobiologie berücksichtigt indirekte Halbsummen für Faktoren im Winkelabstand von 45°, 90° und 135° zu den eigentlichen Halbsummenpunkten. Das entspricht einer Acht-Teilung des Kreises. Die »Hamburger Schule« lässt noch eine weitere Teilung zu mit Winkelabständen von Faktoren zu den Halbsummenpunkten von 22,5°, 45°, 67,5°, 90°, 112,5°, 135°, 157,5°, 180° (usw.) zu. Deutung und Gewichtung bleiben auch bei indirekten Halbsummen gleich.

Was die Deutung von Halbsummen angeht, so geben die beiden Ausgangsfaktoren – in unserem Beispiel also Merkur und Pluto – gewissermaßen das Thema vor. Merkur/Pluto – das ist zum Beispiel tiefgründiges Denken, suggestives Reden und Schreiben, kritisches Denken. In der Halbsumme dieser beiden Faktoren stehen Mond und Uranus: Mond = Merkur/Pluto wäre dann zum Beispiel suggestives Reden unter starken Emotionen und Gemütsbewegungen, tiefes Nachdenken über Gefühle usw. Uranus = Merkur/Pluto lässt sich verstehen als tiefes Nachdenken unter starker Spannung, innovatives und tiefgründiges Denken. Die Mondknotenachse in der indirekten Halbsumme zu Merkur/Pluto verweist auf kritisches Denken als Lebensaufgabe. Diese wenigen Beispiele zur Deutung lassen ahnen, wie feinspürig und wie sehr ins Einzelne gehend mit Halbsummenbildungen gedeutet werden kann. Mit Halbsummen-Strukturen geht es ganz offenbar feiner und genauer. Auch die Prognose profitiert entscheidend von den Möglichkeiten der Halbsummenbildung. Transit-Planeten im Durchgang durch einen Halbsummenpunkt lösen das zugehörige Planetenpaar aus und machen wesentlich präzisere Vorhersagen möglich.

Die Konstruktion von Halbsummen und die Arbeit mit ihnen geht wahrscheinlich auf den italienischen Astrologen Guido Bonatti (Bonati bzw. Bonatus) zurück. Bonatti war der bekannteste europäische Astrologe im 13. Jahrhundert, sein Hauptwerk, der *Liber astronomicus,* wirkte als Longseller bis ins 17. Jahrhundert.[64]

Betrachten wir die Halbsumme Mond = Merkur/Pluto nun aus einem etwas veränderten Blickwinkel. Wir nehmen jetzt die Achse 3.07 Krebs/Steinbock als Achse, an der wir den Wert 20.21 Stier spiegeln, die Position Merkurs. Der zugehörige Spiegelpunkt liegt bei 15.53 Löwe. Das ist die Position von Pluto.

5.5.2. Antiszien

Die Antiszienberechnung[65] geht von einer bereits vorgegebenen Spiegelachse aus, nämlich 0° Krebs bzw. 0° Steinbock. Das ist zugleich die Achse der Sonnenwendpunkte. An dieser Achse, die mitunter als »Schöpfungsachse« bezeichnet wird, werden die realen

[64] Vgl. https://www.astro.com/astrowiki/de/Guido_Bonatus - Abruf am 05.06.2020.

[65] Firmicus Maternus, römischer Senator, schrieb 335 bis 337 n. Chr. eine umfängliche Darstellung der Astrologie. Diese Darstellung geht ausführlich auch auf die Antiszien ein.

Positionen der Horoskopfaktoren gespiegelt, damit man die zugehörigen Antiszien erhält. Diese können mit realen Faktoren zusammentreffen, müssen das aber nicht. Die »Schöpfungsachse« 0°-Krebs/0°-Steinbock stellt also die Halbsumme zwischen einem Horoskop-Faktor und der zugehörigen Antiszie dar. Spiegeln wir für unser Beispiel Pluto an dieser Achse 0°-Krebs/0°-Steinbock, erhalten wir den Punkt 14.07 Stier. Die mittlere Lilith unseres Beispiels liegt auf 14.14 Stier.

Wo sich zwei reale Faktoren als Antiszien gegenüberstehen, sind als Orbis, soweit ich blicke, 2 bis 3 Grad zulässig. Antiszien, so Margarethe Laurent-Cuntz,

> sind rein geistige kosmische Urkräfte, deren Strahlung sich in der Materie in den Planeten ausdrücken kann. Die Achse 0°-Steinbock zu 0°-Krebs, auch Schöpfungsachse genannt, verbindet die einzelnen Grade im Tierkreis, an denen sich die geistige Kraft der Antiszie in Konjunktion mit einer Planetenbesetzung in diesem Tierkreisgrad befindet. Von dort breiten sich die Antiszien in der Schöpfung aus. ... Wenn Aspekte der geistigen Ursprünge, der Antiszien, auf materielle Radixplaneten treffen, werden Letztere von ihren kosmischen Kräften in besonderer Weise durchdrungen.[66]
>
> Je mehr Antiszien in planetare Aspekte einbezogen sind, desto vergeistigter ist somit der Horoskopeigner.[67]

Rafael Gil Brand vermittelt die schon sehr alte Lehre von den Antiszien, den Spiegelpunkten, etwas nüchterner:

> Zunächst fungiert das Antiscium als eine Art Konjunktion, wenngleich in abgeschwächter Form. Insofern hat dieser Aspekt einen eher neutralen Charakter. Wichtig ist vor allem, welche beiden Planeten sich hier »anblicken. (...) Firmicus deutet an, dass die Antiszien vor allem dann wichtig sind, wenn

---

[66] Margarethe Laurent-Cuntz: Ein Universalgenie und Deutschlands größter Dichter (Eine Studie zur Wirkung von Antiszien, zur Erkennbarkeit von Genie und Universalität im Horoskop ...), in: Christoph Schubert-Weller (Hrsg.): Weisheit des Kosmos. Tübingen 2017, S. 81.

[67] Laurent-Cuntz 2017, S. 81.

Planeten ansonsten keine Aspekte haben. ... Firmicus deutet auch die Würden und die Hausposition des Planeten in dessen Spiegelpunkt. Vor allem aber betrachtet er die Aspektierung dieses Punktes, welche die des eigentlichen Planeten ergänzt.[68]

Wenn man so will, kann man auch Antiszien als »hypothetische Punkte« betrachten, abgeleitet allerdings aus jeweils realen Faktoren und mithilfe einer »Spiegelungstechnik«, die astronomisch begründet werden kann: Die Achse der Sonnenwendpunkte ist die Spiegelungsachse.[69]

5.5.3. Lospunkte und Sensitive Punkte

Die Konstruktion von Lospunkten, Sensitivpunkten, auch Arabische Punkte genannt, ist (zunächst) ganz anders. Die Grundformel des Lospunktes lautet:

Lospunkt X = AC + Planet Y – Planet Z.

Sehr oft gelten unterschiedliche Konstruktionsregeln für Tag- und Nachtgeburten (T bzw. N). Diese Unterschiede sind von der Form

(T) Lospunkt X = AC + Planet Y – Planet Z
(N) Lospunkt X = AC + Planet Z – Planet Y

Einzelne Lospunkte folgen einer anderen Formel, so zum Beispiel

Lospunkt für Reisen = AC + Spitze Haus 9 – Herr von Haus 9.

Prinzipiell lassen sich aber derartige Sonderfälle auf eine etwas erweiterte Grundform zurückführen, in der nicht nur Planetenpositionen zum Aszendenten addiert bzw. subtrahiert werden.[70]

---

[68] Gil Brand 2000, S. 243

[69] Ich arbeite gelegentlich und bei sehr spezifischen Fragestellungen auch mit Antiszien. Was ich von der Materie weiß, hat mich Margarethe Laurent-Cuntz mit großem Enthusiasmus und noch mehr Geduld während einiger Besuche bei ihr in Schlangenbad seit 2013–2019 gelehrt. Ihr bin ich zu allergrößtem Dank verpflichtet.

[70] Vgl. Renzo Baldini: Die Arabischen Punkte. Ihre Anwendung in der modernen Astrologie. Tübingen 2008, insbes. S. 233 ff.

Lospunkte bilden im Allgemeinen die Synthese zweier Kräfte, die eine Angelegenheit oder – im Geburtshoroskop – ein Charaktermerkmal bezeichnen. Allerdings werden Lospunkte nachrangig behandelt und sollen »vor allem dann für das Urteil herangezogen werden, wenn die übrigen Signifikatoren nur ein unklares, ambivalentes Urteil zulassen«.[71]

Wer mit Antiszien, Halbsummen und Lospunkten umgeht, ahnt schnell, dass diese Techniken in einem inneren und nicht zuletzt arithmetischen Zusammenhang stehen. Dieser Zusammenhang lässt sich, soweit ich heute (2020) blicke, auch in einer komplexen Summen- bzw. Halbsummengleichung ausdrücken. Das wird durch die Halbsummentechnik möglich, die auf beliebige Faktorenpaare angewendet werden kann, das heißt auf alle technisch denkbaren Fälle. Genau das freilich ist weder für Antiszien noch für Lospunkte gegeben. Antiszien kennen von vornherein nur eine einzige Symmetrieachse. – Wenn wir einmal unterstellen wollen, dass alle Lospunkte der Form

LOS-x = AC + Planet Y – Planet Z

folgen, so wird schnell klar, dass die Zahl der technisch möglichen Lospunkte deutlich über der Zahl der tatsächlich erarbeiteten und angewendeten Lose liegt. Die auf Abu Ma'shar zurückgehende Liste von 80 klassischen Lospunkten kennt keinen Lospunkt, der aus der Kombination von Sonne und Merkur, Sonne und Mars sowie Venus und Mars ableitbar wäre. Andererseits werden identische Kombinationen für Lose unterschiedlicher Bedeutung angegeben, so zum Beispiel für die Kombination von Jupiter und Saturn. Das ist ein Beleg dafür, dass traditionelle Astrologie nicht formal-mathematisch, sondern in Qualitäten denkt.[72]

Die hier geschilderten Techniken der Antiszien-, Halbsummen- und Lospunkt-Berechnung erweitern jeweils die so wichtige Aspektlehre in der Astrologie. Wir stoßen hier möglicherweise auf den

---

[71] Gil Brand 2000, S. 275.

[72] Liste in: Baldini 2008, S. 233–240.

eigentlichen Grund für diese bemerkenswerte Neigung, alle nur möglichen Hypothesen, Zusatzannahmen und Zusatztechniken in die Bearbeitung von Horoskopen einzuführen. In einem Horoskop mit Sonne, Mond und den fünf klassischen Planeten Merkur, Venus, Mars, Jupiter und Saturn ist das Auftreten von Aspekten dieser Faktoren untereinander begrenzt. Bei sieben Faktoren und relativ festliegenden Winkelabständen werden nicht allzu viele Aspekte generiert. Durch die Einführung von Orben oder der Regel, dass Aspekte zwischen den Zeichen gemessen werden, in denen die potenziellen Aspektpartner stehen, können ein paar Aspektkombinationen mehr generiert werden. Aber die Ausbeute bleibt doch gering.

Das ändert sich schlagartig, sobald man nur Antiszien und Lospunkte als Zusatztechniken einführt. Die Halbsummentechnik führt darüber hinaus noch dazu, wie schon erwähnt, dass beliebige Faktorenpaare über die ihnen zugehörigen Halbsummenpunkte ins Auge gefasst und gedeutet werden können. Insgesamt erweitern Antiszien, Lose und Halbsummen den Faktorenbestand um Rechenpunkte, die aus der Stellung der (bisherigen) Faktoren untereinander abgeleitet werden.

Die Berücksichtigung von Asteroiden und von Kleinplaneten aus dem Kuipergürtel erweitert den Faktorenbestand um bereits vorhandene, aber bisher nicht gedeutete Objekte. Die Einführung hypothetischer Planeten erweitert den Faktorenbestand, wenn das Wortspiel erlaubt ist, um deutbare, aber nicht vorhandene Faktoren. In allen Fällen erweitert sich ganz entscheidend die »Kombination der Gestirneinflüsse«.[73]

[73] So der bezeichnende Titel von Reinhold Ebertins bekanntestem Werk. Tübingen 2018.

6. Die Sondergänger. Das Paradigma der psychologischen Astrologie und seine deterministischen Begleiter

Die »Blickumstellung« vor rund 100 Jahren, die zur *Revidierten Klassik* führte, zur psychologischen Astrologie, kommt uns in der Rückschau als übermächtig und endgültig vor. Hat man die psychologische Astrologie erst einmal in ihrer Emanzipation von einer wahrsagerischen Astrologie begriffen, hat man die intellektuelle und emotionale Befreiung vom (vermeintlichen) Schicksalszwang tief verinnerlicht, reibt man sich die Augen und fragt sich, wieso Generationen von Astrologen auf den wahrsagerischen und determinierenden Anspruch der Astrologie überhaupt hereinfallen konnten.

Wir übersehen dabei leicht, dass in vielen Kulturen das Individuum schon gesellschaftlich massiv determiniert wird, auch heute noch; wir nehmen nicht wahr, dass in solchen Kulturen eine »psychologische Horoskopdeutung« kaum möglich wäre. Und wir übersehen leicht, dass mitten in der Revision der »Klassik«, mitten in der Entwicklung einer psychologischen Astrologie zeitgleich auch Modelle Platz gegriffen haben, in denen neben dem selbstbestimmenden Faktor (Thomas Ring) auch determinierende Faktoren namhaft gemacht und untersucht werden. Wir haben oben (Kap. 4) schon die offene Situation der gegenwärtigen Astrologie beschrieben. Ein in sich geschlossener Bau ist die Astrologie längst nicht mehr. Es wird nahezu beliebig »angebaut« und »umgebaut«, diese oder jene Schule, dieses oder jenes »System« führt eine Technikvariante ein, einen hypothetischen Zusatzfaktor usw. Immer geht es dabei um eine (angeblich) bessere und genauere Deutung – um eine Deutung, die damit zumindest in der Tendenz zur Wahrsagung gerät.

Ich möchte hier drei Modelle beschreiben, die in den letzten 100 Jahren entwickelt bzw. vertieft wurden. Diese Modelle sind keineswegs nur randständig, sie hatten und haben großen Einfluss innerhalb der Astrologie. Es geht um folgende Modelle:

- Determination durch Technik und durch Einführung zusätzlicher Wirkpunkte: *Die Hamburger Schule*
- Determination durch Methoden und Deutungsregeln: *Die Stunden- und Frageastrologie der traditionellen Klassik*
- Determination durch Schicksalsdeutung: *Die karmische Astrologie*

Die nachfolgenden Darstellungen dieser Systeme wollen und können nur sehr knapp die jeweiligen wesentlichen Eigenheiten zusammenfassen. Für eine ausführliche Darstellung verweise ich auf die angegebene Literatur.

6.1. Die Hamburger Schule

Die *Hamburger Schule* und die *Revidierte Klassik* treten nach dem Ersten Weltkrieg fast gleichzeitig in Erscheinung. Beide aber haben ihren Ausgangspunkt in der »traditionellen«, wahrsagerisch eingefärbten Astrologie des theosophischen Revivals, wie Alan Leo sie betrieb und wie sie seit Anfang des 20. Jahrhunderts auch durch Karl Brandler-Pracht und andere auf dem europäischen Kontinent vertreten wurde.

Der Begründer der *Hamburger Schule,* der Vermessungsingenieur Alfred Witte (1878–1941), hatte in den Jahren des Ersten Weltkrieges 1914 bis 1918 zahlreiche Horoskope nach der klassischen Manier berechnet und untersucht. Witte stellte fest, dass auch gravierende Ereignisse, wie sie in jenen Kriegszeiten vielen Menschen widerfuhren, in den klassisch berechneten und gedeuteten Horoskopen nicht zu erkennen waren. Die wohl ausgeprägte Ereignisorientierung von Alfred Witte mag den heutigen Astrologen, der eher psychologisch zu deuten versucht, befremden. Aber gerade in dieser Hinsicht war Alfred Witte ein Kind seiner eigenen Zeit, eben geschult an der traditionellen Astrologie, welche Schicksale und Ereignisse zu deuten versuchte. Dass die Individualastrologie gegenüber großen kollektiven Ereignisbildungen, wie es z.B. Kriegszeiten sind, eine Aussagegrenze erreicht, dass also kollektive Ereignisse zwar nicht transastrologisch, jedoch transhoroskopisch sind, dieser Gedanke, der in der *Revidierten Klassik* durchaus eine Rolle spielt, war für die traditionelle Astrologie und so auch für die *Hamburger Schule* eigentlich nicht denkbar. Witte kam zu der Überzeugung, dass man aus einem Geburtshoroskop wesentlich mehr an Informationen und Einzelheiten herausholen könne, als es die traditionelle Astrologie vermochte. Dazu freilich musste der technische Zugriff auf die berechneten Planeten verändert werden. Zudem ging Witte von weiteren, bislang unentdeckten Planeten aus, deren Existenz ihm aufgrund seiner ereignisbezogenen Untersuchung von Tausenden von Horoskopen gewiss war. Alfred Witte und seine Mitarbeiter – hier sind vor allem Friedrich Sieggrün (1877 bis 1951) und Ludwig Rudolph (1893 bis 1982) zu nennen – schufen ein komplexes System der Astrologie. An die Stelle der klassischen Planetenaspekte treten Summen- und Halbsummenpunkte, statt des klassischen Häusersystems nach Placidus werden mehrere parallele Häusersysteme verwendet. Außerdem gibt es acht zusätzliche Wirkpunkte, nämlich die »Transneptunplaneten«, welche als außerhalb der Plutobahn kreisend angenommen werden. Die Unterschiede und Erweiterungen in der *Hamburger Schule* hinsichtlich der psychologischen Astrologie möge eine Gegenüberstellung auf der folgenden Seite zeigen.

Psychologische Astrologie	Hamburger Schule
Tierkreis Der Tierkreis ist stark betont durch die tierkreisorientierte Deutung persönlicher Faktoren (AC, MC, Sonne, Mond) und erdnaher Planeten (Merkur, Venus, Mars).	*Tierkreis* Der Tierkreis spielt in Technik und Deutung keine besondere Rolle. Im 90-Grad-Kreis büßt der Tierkreis gänzlich seine Bedeutung ein.
Häuser Anwendung eines einzigen inäqualen Häusersystems – Placidus, GOH, seltener auch Regiomontanus.	*Häuser* Parallele Anwendung mehrerer äqualer Systeme zugleich (Ausnahme: MC-Häusersystem ist nicht-äqual)).
Aspekte beruhend auf Zweiteilung (0/360°, 180°, 90°, 45°) bzw. Dreiteilung (0/360°, 120°, 60°, 30°) des Kreises.	*Halbsummen* und Aspekte auf Halbsummen, beruhend auf der Zweiteilung des Kreises bis 22,5°.
Horoskopzeichnung feststehend im 360-Grad-Kreis.	*Horoskopzeichnung* beweglich mithilfe von Scheiben, zumal 360- und 90-Grad-Kreis.
Besondere Faktoren Antiszien, Lospunkte; Rechenpunkte (Vertex, Lilith), Asteroiden, Planetoiden.	*Besondere Faktoren* Summen- und zumal Halbsummenpunkte, acht »Transneptuner«.
Kombination von zwei Horoskopfaktoren.	*Kombination* von drei und mehr Faktoren.
Deutung psychologisch orientiert.	*Deutung* fakten- und ereignisorientiert; Deutung von Zweierkombinationen.
Prognosetechniken Transite, Solare, Lunare, primäre und sekundäre Direktion.	*Prognosetechniken* Sonnenbogendirektionen, Transite.

6.1.1. Summen und Halbsummen

Zwei Faktoren werden durch Addition oder über ihre arithmetische Mitte miteinander verknüpft. Das Ergebnis dieser Addition bzw. der Mitte-Bildung ist ein Punkt auf dem Tierkreis, der die Bedeutung der beiden Ausgangsfaktoren in sich vereint. In der Regel bleiben aber die Summenpunkte unberücksichtigt. Zu zwei Faktoren gibt es immer eine Halbsummenachse. Diese Achse kann durch einen dritten Faktor besetzt sein. Ein dritter Faktor kann jedoch auch in einem Winkel zu dieser Halbsummenachse stehen, sei es im Quadrat, sei es im Halb- oder Anderthalbquadrat, sei es im Viertel-Quadrat bzw. deren Vielfachen, soweit im Kreis von 360 Grad berechenbar:

Folgende Faktoren werden berücksichtigt: Zunächst *MC, AC, Sonne, Mond, Widderpunkt, Mondknoten.* Diese Faktoren stehen zugleich für die entsprechenden Häuser. Dazu weiter unten noch mehr. Weitere Faktoren sind, wie in den modernen und klassischen Systemen: *Merkur, Venus, Mars, Jupiter, Saturn, Uranus, Neptun und Pluto.* Hinzu kommen die acht »Transneptunplaneten«: *Cupido, Hades, Zeus, Kronos, Apollon, Admetos, Vulkanus, Poseidon.*

Das ergibt 22 Faktoren, die in insgesamt 231 Zweierkombinationen auftreten. Diese Zweierkombinationen lassen sich im Prinzip auch psychologisch deuten; aber die Hamburger Schule macht gern eindeutige Zuschreibungen. Derartige Zweierkombinationen werden, wie schon beschrieben, durch einen dritten Faktor ergänzt bzw. aktiviert.

6.1.2. Hypothetische Planeten – die »Transneptuner«

Die acht »Transneptunplaneten« ähneln in ihrer grundsätzlichen Deutung und Bedeutung bereits bekannten Prinzipien. Es gilt:

- Cupido (Umlaufzeit 262,5 Jahre) ist eine Mischung aus Venus und Jupiter, seine Bedeutung bezieht sich auf Familie, Ehe, aber auch auf Kunst und Gemeinschaft.

- Hades (Umlaufzeit 360,66 Jahre) ist ein eher negatives Saturn-Prinzip mit plutonischen Anteilen. Die Bedeutung von Hades ist Einsamkeit, Mangel, Schmutz, Müll; aber auch schwierige Verhältnisse, lange Krankheit, Armut. – Nebenbei, Pluto wird in der *Hamburger Schule* eher zahm und als Prinzip der Entwicklung und des Wachstums gedeutet, ohne die dramatische Transformation, die Pluto vor allem in der psychologischen Astrologie zuerkannt wird. Dieser Pluto-Anteil wird in der *Hamburger Schule* gewissermaßen dem Hades zugeschlagen.
- Zeus (455,64 Jahre) bezeichnet eine marsische Energie: Führung, Zeugung und Schöpfung, zielgerichtete Arbeit bei weit gesteckten Zielen, Feuer, Maschinen und maschinelle Leistungen.
- Kronos (521,8 Jahre) ist ein Sonnen- und Jupiterprinzip und bezeichnet Selbstständigkeit, Autorität, Herrschaft in staatlicher Hinsicht, aber auch im persönlich-privaten Feld.
- Apollon (576 Jahre) ist zumal ein Jupiterprinzip und verweist auf Ruhm, auf Wissenschaft und Erfahrung, auf überragenden Erfolg, auf ausgedehnten Handel und Wandel (9. Haus).
- Admetos (618 Jahre) ist möglicherweise das eigentümlichste Prinzip in der Reihe der Transneptuner. Genannt werden »größte Hemmung, Trennung, Tod, Stillstand, Verdichtung, Urstoff, Rohstoff, Urentstehung, Rotation, Kreislauf. Auf-der-Stelle-Treten.«. – Bei Admetos stehen Raum und Zeit still. Vor allem ist Admetos ein Prinzip der Zeit diesseits *und* jenseits der Ewigkeit bzw. Zeitlosigkeit.
- Vulkanus (663 Jahre) kann als eine Mischung von Uranus und Pluto betrachtet werden: größte Kraft, Macht, Energie, höchste Gewalt.
- Poseidon (740 Jahre) ist ein vorwiegend spirituelles Prinzip mit starken Neptun-Anteilen, aber auch Anteilen von Jupiter und Uranus: Geist, Idee, Erkenntnis, Erleuchtung, Lichtträger.[74]

[74] Darstellung der acht Transneptunplaneten nach: Regelwerk für Planetenbilder. Hamburg, 5. Aufl. 1959, S. 69, sowie Hermann Sporner: Einführung in die Technik der »Hamburger Schule«. Hamburg o. J. (September 1978), S. 69 f.

6.1.3. Häusersystematik

Die *Hamburger Schule* arbeitet mit äqualen Häusern, und zwar in mehreren parallel betrachteten Systemen. Um diese parallele Betrachtung sinnfällig zu machen, entwickelte Alfred Witte eine drehbare kreisförmige Scheibe, die geeignet ist, die Position von Faktoren sowohl im Tierkreis als auch in Häusern bei verschiedenen Systemen abzubilden.

Eine Ausnahme bildet das wichtigste Häusersystem, die Meridian- oder MC-Häuser. Deren genaue Positionierung beruht allerdings nicht auf äqualen Häusern. Die Abweichung von Häuserspitzen im Meridian-Häusersystem zur genau 30 Grad großen Idealposition beträgt bis zu 3 Grad. Das MC selbst stellt die Spitze des 10. Hauses dar.

6.1.4. Grafische Transparenz der klassischen und klassiknahen Horoskopie

Wir haben oben schon angedeutet, dass im Hamburger System in der Regel drei Prinzipien in der Baustein-Deutung aufeinander bezogen werden, so etwa die Zweierkombination einer Halbsumme, in deren Mitte ein dritter Faktor steht. Die klassische Astrologie bezieht im Allgemeinen nur zwei Prinzipien aufeinander – Sonne im Aspekt zu Saturn, Mars im 5. Haus, Venus im Zeichen Skorpion usw.

Ein Merkmal der klassischen und ebenso der psychologischen Astrologie ist die »grafische Transparenz« des Horoskops: Der blickgeübte Astrologe ist in der Lage, das Horoskop unmittelbar zu lesen und zu deuten. Das hat zu tun mit der genialen Kombination von Tierkreis und Häusern und den einbeschriebenen Faktoren. Man erkennt ohne Weiteres die vorhandenen Zweierkombinationen: Planet in Zeichen; Planet im Haus. Der geschulte Astrologe erkennt meist auch auf Anhieb die vorhandenen Aspekte und Aspektbilder. Auch die Aspekte sind ja Zweierkombinationen von Faktoren. Nur unwesentlich größere Übung verlangt im Allgemeinen der Umgang mit den häuserbeherrschenden Faktoren (Herr von a-Haus in b-Haus usw.). Hier freilich öffnet sich auch in der klassischen und psychologischen Astrologie der Weg zur Dreierkombination.

Solche »grafische Transparenz« gibt es für die Horoskope nach der *Hamburger Schule* nicht. Alfred Witte entwickelte für die komplexen Untersuchungen von Horoskopen nach der »Hamburger Schule« mehrere Arten von Drehscheiben, die im Prinzip »Dreierkombinationen« sichtbar machen.

6.2. Stundenastrologie

Die Stunden- und Frageastrologie, die in der deutschsprachigen Astrologie im Boom und im Erfolg der psychologischen Astrologie jahrzehntelang völlig ignoriert wurde, erlebt seit etwa Mitte der Neunzigejahre auch in Mitteleuropa ihre Neuerweckung. Diese Neuerweckung ist nahezu das Verdienst eines einzigen Mannes: Erik van Slooten, in Bayern lebender Niederländer.[75] Mit dieser Neuerweckung ging in Deutschland eine massive Kontroverse unter Astrologen einher.[76] Eine wachsende Anzahl von Astrologen,

---

[75] In Großbritannien und in den Niederlanden war die Stundenastrologie niemals »tot«, sondern erfreute sich auch in den Jahren des psychologisch-astrologischen Paradigmas lebendiger Anwendung. Erik van Slooten schöpfte u.a. aus der niederländischen Tradition und publizierte zahlreiche Darstellungen, etwa Klassische Stundenastrologie. Ein Lehrgang zum Selbststudium. Tübingen 2008; Leitfaden der traditionellen Astrologie. Klassische Astrologie kurz und bündig. Tübingen 2017 usw.

[76] Die leidenschaftliche Debatte drehte sich darum, ob es sich bei der Stundenastrologie um eine wahrsagerische Fehlform von Astrologie handele oder nicht. Eine wahrsagerische Ausübung von Astrologie verbot sich schon durch das in der Szene recht einflussreiche Berufsgelöbnis des DAV. Beide Seiten in dieser Debatte, die schwerpunktmäßig ins erste Jahrzehnt im neuen Jahrtausend fiel, fochten mit fundamentalistischem Eifer zugunsten ihrer Position. Aus der Rückschau staunt man, denn bereits 1985 war eine sehr gehaltvolle Darstellung der Stundenastrologie von Karen Hamaker-Zondag auf Deutsch erschienen (Stundenastrologie. München 1985; zuerst niederl. 1983), ohne dass dies den Eiferern auf der psychologischen Seite auch nur eine Zeile wert gewesen wäre. Umso heftiger die Skandalisierung der Stundenastrologie 15, 20 Jahre später.

meist mit einer psychologisch-astrologischen Ausbildung im Rücken, probierte die »neue« Technik einfach aus: Man hatte prognostische Erfolge, und fortan fügten die Praktiker die Technik der Stundenastrologie ihrem »Werkzeugkasten« ohne viel Federlesens hinzu. Unbequem war und ist jedoch der wahrsagerische Anflug der Stundenastrologie, welcher in der Hauptregel der Deutung zu liegen scheint: *Wenn der astrologische Signifikator für den Fragesteller und der astrologische Signifikator für die erfragte Angelegenheit in einem applikativen, also noch exakt werdenden Aspekt astrologisch-technisch »zusammenkommen«, ist in der erfragten Angelegenheit Erfolg zu erwarten.* Natürlich gibt es einige Varianten und Vorbehalte, ein Erfolg kann unter bestimmten Umständen auch schmal oder als »Pyrrhussieg« ausfallen. Aber in der Grundtendenz klingt eine solche Hauptregel fatalistisch. Ist das vereinbar mit der grundsätzlich emanzipatorischen Haltung der psychologischen Astrologie, mit der »Blickumstellung« auf den »selbstbestimmenden Faktor«? Ist das ethisch vereinbar mit dem Gebot einer freilassenden, die Kräfte der Selbstverantwortung stärkenden Beratung? Leidenschaftliche Debatten in diversen Internet-Foren folgten.

Erneut möchte ich eine Gegenüberstellung versuchen, nämlich nunmehr die psychologische Astrologie gegenüber der Stundenastrologie. Während sich die *Hamburger Schule* auf ein technisch (Halbsummen, Häusersystematik) stark differierendes Modell mit zusätzlichen Annahmen (Transneptuner) bezieht, ist das Modell der Stundenastrologie technisch mit dem Modell der psychologischen Astrologie nahezu identisch. Die Unterschiede liegen in der Deutungstechnik und in der Bezugsetzung einzelner Deutungselemente zueinander.

Psychologische Astrologie	**Stundenastrologie**
Technische Grundlage Radixhoroskop auf die Geburtsdaten einer Person. Einbezug der Transsaturnier Uranus, Neptun und Pluto.	*Technische Grundlage* Radixbild auf die »Geburtsdaten« einer Frage, vorzugsweise einer Entscheidungsfrage. Je nach Variante Einbezug oder Ausschluss der Transsaturnier Uranus, Neptun und Pluto.
Deutungsprinzipien Bildhafte, offene Deutung astrologischer Faktoren (Planeten) als »Teilpersönlichkeiten«, Vermeidung konkreter Zuschreibungen, Augenmerk auf mögliches Entwicklungspotenzial.	*Deutungsprinzipien* Gemäß der Fragestellung konkrete Zuschreibung von horoskopischen Signifikatoren zum Fragesteller bzw. zum erfragten Sachverhalt, Untersuchung dieser Signifikatoren nach essenziellen und akzidentellen Stärken und Schwächen ihrer Konstellierungen.
Beantwortung von Fragen Vermeidung einer konkreten, womöglich wahrsagerischen Antwort, oft Zurückweisung (»Es kann *so* sein, aber auch *so* sein«), Verweis auf individuelle Potenziale.	*Beantwortung von Fragen* Konkreter Antwortversuch gemäß oben erwähnter »Hauptregel« bzw. im Sinne von deren Varianten.
Deutungseinschränkungen Einschränkungen sind auf metasystemischer Ebene durch »Aussagegrenzen« und den »selbstbestimmenden Faktor« gegeben; auf der subjektiven Ebene des Deutenden durch oft strenge Zurückweisung prognostischer Deutung.	*Deutungseinschränkungen* Einschränkungen sind technisch im System selbst gegeben, z. B. durch »Leerlauf«-Stellung des Mondes, durch Signifikatoren auf kritischen Anfangs- bzw. Endgraden, durch Saturn in Haus 7, durch Nicht-Zustandekommen der »Hauptregel«.

Gültigkeit, Verfallsdatum	*Gültigkeit, Verfallsdatum*
Im Prinzip: ab der Geburt, und auch über den Tod hinaus.	Ab dem Datum der Fragestellung (»dann wenn diese dem Astrologen bekannt geworden ist«), maximal sechs Monate.
Beratungsethos	*Beratungsethos*
Vermeidung negativer Prognosen, eventuell Ablehnung jedweder Prognose. Verbot der Vorhersage von Todesfällen, Stärkung der Potenziale des Klienten.	Der Ratsuchende wird vor Beginn der Beratung mit der Möglichkeit einer für ihn negativen Antwort und der Notwendigkeit des Umgangs damit konfrontiert. Auf die Eigenverantwortlichkeit des Klienten wird eindringlich hingewiesen. Im Notfall ist der Berater zur Begleitung des Klienten verpflichtet.

Dazu einige knappe Erläuterungen. Das Stundenhoroskop wird stets auf den Arbeitsort des konsultierten Astrologen gestellt. Der Astrologe »steht im 7. Haus«, und wenn sich Saturn im 7. Haus des Stundenhoroskops befindet, so ist das ein Hinweis darauf, dass der deutende Astrologe womöglich fahrlässige Fehler beim Deuten macht. Das Horoskop muss in geeigneter Weise die Frage des Klienten »spiegeln«. Fragt jemand etwa nach einem beruflichen Zusammenhang, wäre der Mond (Nebensignifikator des Fragestellers) im 10. Haus (Beruf, Öffentlichkeit) eine solche Spiegelung der Frage.

Die Faktoren des Horoskops sind jeweils die Hauptdarsteller für den Prozess der Antwortfindung bzw. für Fragesteller und Erfragtes. Der Herr des 1. Hauses symbolisiert als Hauptsignifikator den Fragesteller selbst, der Nebensignifikator für den Fragesteller ist, wie schon gesagt, der Mond. Nebensignifikatoren für den Fragesteller können aber auch Planeten im 1. Haus sein. Erfragte Angelegenheiten werden durch Häuser bzw. die Herren der Häuser symbolisiert (Hauptsignifikatoren). Das 2. Haus und sein jeweiliger Herrscher stehen zum Beispiel für Immobilien. Saturn ist »natürlicher« (Neben-)Signifikator für Immobilien.

Die Signifikatoren für den Fragesteller bzw. für das Erfragte werden nun nach ihrer Konstellierung im Stundenhoroskop gewichtet. Diese Gewichtung folgt einer komplexen Liste von Kriterien, aus denen sich die momentane Stärke bzw. Schwäche des jeweiligen Faktors ableitet. Diese Gewichtung fließt entscheidend mit in die Anwendung der »Hauptregel« ein, die hier nochmals genannt sei:

> Wenn der astrologische Signifikator für den Fragesteller und der astrologische Signifikator für die erfragte Angelegenheit in einem applikativen, also noch exakt werdenden Aspekt astrologisch-technisch »zusammenkommen«, ist in der erfragten Angelegenheit Erfolg zu erwarten.

Ideal ist es, wenn die Hauptsignifikatoren für den Fragesteller bzw. für die erfragte Angelegenheit in dieser Weise zusammenkommen. Kommen die Signifikatoren unter einem applikativen Spannungsaspekt zusammen, so kann der Erfolg in der Sache sehr mühsam oder kostspielig sein. Kommen die Signifikatoren nicht »zusammen«, tut sich in der erfragten Angelegenheit nichts. Das muss nicht zwangsläufig negativ sein.

Aspekte können »verloren« gehen durch beginnende Rückläufigkeit oder beginnende Direktläufigkeit eines der beteiligten Faktoren oder durch Zeichenwechsel eines der beteiligten Faktoren vor Exaktwerden des Aspekts. Steht der AC des Fragehoroskops in kritischen Anfangsgraden (0° bis 3°) eines Tierkreiszeichens, ist es für eine klare Tendenzansage noch zu früh. Steht der AC des Fragehoroskops in kritischen Endgraden (27° bis 30°) eines Tierkreiszeichens, ist die Entwicklung in der erfragten Angelegenheit so weit fortgeschritten, dass in der Sache nur noch wenig bis gar nichts gestaltet werden kann. Man kann diese Regel auch auf die Positionierung sonstiger Signifikatoren auf kritischen Graden anwenden.

Der Mond steht im »Leerlauf«, wenn er vor Verlassen des Zeichens, in dem er steht, keinen ptolemäischen Hauptaspekt (Konjunktion, Opposition, Quadrat, Trigon, Sextil) mehr bildet. Auch hier gilt, dass in der Sache nichts mehr bewirkt bzw. gestaltet werden kann.

Selbstverständlich bedeutet die Technik der Stundenastrologie eine zusätzliche Determinierung in der deutenden Aussage. Nehmen wir an, in einem Solarhoroskop sei die Konstellation Venus in Haus 10 gegeben. Eine psychologische Deutung wird darauf hinweisen, dass in diesem Lebensjahr die berufliche Tätigkeit (Haus 10) angenehm sein dürfte, Freude bereiten dürfte (Venus). Eine psychologische Deutung, die zusätzlich Wert auf die Selbstentwicklung des Ratsuchenden legt, schlägt zusätzlich vielleicht noch vor, in diesem Solarjahr bewusst eine positive Einstellung zur Ausübung des Berufs zu betonen und aktiv für ein gutes Betriebsklima zu sorgen.

Nehmen wir demgegenüber an, dass die genannte Konstellation Venus in Haus 10 in einem Stundenhoroskop auftritt, dessen Frage sich um die Möglichkeit einer Partnerbeziehung dreht. Dann ist eine gezielte Deutung denkbar, dass der Fragesteller innerhalb beruflicher Zusammenhänge eine Partnerbeziehung beginnt, dass er über seine berufliche Tätigkeit (Haus 10) einen neuen Partner kennenlernt (Venus als natürlicher Signifikator für eine Liebesbeziehung oder Venus als Herrin des 7. Hauses im Fragehoroskop). Eine solche Ereignisbildung gehört natürlich mit in den großen Rahmen beruflicher Zufriedenheit, ist aber nicht ohne Weiteres aus diesem Rahmen ableitbar.

In der Deutung des Fragehoroskops erfolgt durchaus eine konkrete Zuschreibung. Dieser Faktor steht für den Fragesteller, jener Faktor für das, was der Fragesteller erfragt. Aber das ist ja genau das, was im Fragehoroskop sinnvollerweise konkret zugeschrieben werden *soll*. Es liegt in der Natur der Sache, dass das Stundenhoroskop gezielt für einen konkreten Fall, eine konkrete Alternative gilt. Spätestens nach einem halben Jahr ist ein Fragehoroskop nicht mehr aktuell. Ein Fragehoroskop muss gezielt im Sinn der aktuellen Belange und Perspektiven des Fragestellers gedeutet werden. Ein Fragehoroskop ist von vornherein zugespitzt auf nur wenige oder eine einzige Möglichkeit. Und diese Möglichkeit ist dann zwangsläufig eine »konkrete Zuschreibung«.

6.3. Karmische Astrologie

Der Grundgedanke der karmischen Astrologie ist die inhaltlich-deutende Verknüpfung der Astrologie mit dem weltanschaulichen Konzept der Lehre von Karma und Wiedergeburt. Das Radixhoroskop hilft bei der Erkennung künftigen Karmas, künftiger unausweichlicher Gaben und Aufgaben, die sich aus den Handlungen und Unterlassungen in vergangenen Leben ergeben. Es gibt einige mehr allgemeine Deutungsregeln und viele Varianten. Berücksichtigt werden vor allem die Konstellationen im 4., 8. und 12. Haus, die auf Häuserebene »wässrige« Häuser sind. Dem 8. Haus werden Pluto und das Zeichen Skorpion zugeordnet.

»Im 8. Haus offenbart sich … das in den vergangenen Leben angehäufte Karma, im 4. das jetzige und im 12. das zukünftige. Der über das 8. Haus herrschende Planet Pluto sowie das entsprechende Zeichen Skorpion geben ebenfalls Hinweise auf die karmische Vergangenheit. Über die Frage nach den Aufgaben, die der Mensch auf seinem karmischen Weg zu lösen hat, gibt das Imum Coeli, d.h. die Spitze des 4. Hauses, Auskunft. Ebenfalls von großer Bedeutung in der karmischen Astrologie sind der Mond sowie Saturn, welcher oft als »Herr des Karmas« bezeichnet wird. Schließlich spielen noch die Mondknoten eine wichtige Rolle. Dabei gilt der absteigende Mondknoten als Indikator für die karmische Herkunft. Mit den dort angelegten Themen fühlt sich der Horoskopeigner vertraut. Der aufsteigende Mondknoten zeigt das karmische Ziel an, das bisweilen Angst einflößen kann, da bei dem Weg dorthin nicht auf frühere Erfahrungen zurückgegriffen werden kann. Gerne werden auch rückläufige Planeten mit karmischen Aufgaben in Verbindung gebracht, da die ihnen zugeschriebene Wirkung eine introvertierte (nach innen gerichtete) ist und durchaus auch vergangenheitsbezogen, an Erinnerungen orientiert sein kann, zumal wenn es darum geht, »Altes« zu beenden und abzuschließen und es dadurch nochmals präsentiert zu bekommen.[77]

---

[77] www.astro.com/astrowiki/de/Karmische_Astrologie - Abruf 01.08.2020.

Nachfolgend der Versuch einer Übersicht über die gängigen Vorschläge zur karmischen Deutung von einzelnen Horoskopfaktoren:

Faktor bzw. Merkmal	Grundbedeutung
Mondknoten	Allgemeiner Hinweis auf karmisches Potenzial – mitgebrachte Gaben und Probleme (absteigender Mondknoten), Aufgaben und Ziele (aufsteigender Mondknoten).
Saturn	Wachsen an »mitgebrachten« Hindernissen, Hemmungen und Anhaftungen. Reifung; Entwicklung von Meisterschaft.
Pluto	Karmisches Drängen nach tiefster Verwandlung: der weite und schwierige Weg. Andeutung dessen, was eventuell nach längerer Phase der Stille, des Stillstandes verändert werden will. Verwandlung fließend-evolutionär oder sprunghaft-katastrophisch. – Schicksal.
Chiron	Notwendigkeit, »noch einmal zurück zu gehen« und so umso mehr zur Verganzheitlichung zu gelangen. Damit Befähigung, etwas zu zeigen und zu lehren. – Wert der Sterblichkeit, Umgang mit Todesthemen, Läuterung durch Leid.
Lilith	Konfrontation mit Themen, die man bislang im Schatten, im Tabubereich belassen hat. Ziel der Ebenbürtigkeit. Alleinsein, Thematik außerhalb gesellschaftlicher und mitmenschlicher Zusammenhänge. Der eigene Weg, die ureigenen Bedürfnisse als karmisches Thema.

Rückläufigkeit	Ein Thema wird »mitgebracht« – als Begabung oder als Aufgabe, als Belastung. Wenn äußerlich manches gehemmt ist, stillsteht (Stationarität, Rückläufigkeit), kann sich innerlich etwas geltend machen, was sonst verborgen bliebe.
IC-MC-Achse	Karmisch die »Achse von Herkunft und Zukunft«. Das IC symbolisiert, was wir aus der Vergangenheit mitbringen, das MC symbolisiert, wohin wir uns entwickeln wollen. Aspekte auf das MC (die ja stets auch Aspekte auf das IC sind) setzen Vergangenheit und Zukunft ins Verhältnis zueinander.
4. Haus	Allgemein: karmischer Hinweis auf Vergangenheit.
8. Haus	Allgemein: karmischer Hinweis auf Notwendigkeit der Verwandlung.
12. Haus	Allgemein: Karmischer Hinweis auf Überwindung der Vergangenheit: Entgrenzung.
6. Haus	Karmische (Mit-)Bedingtheit gesundheitlicher Einschränkungen, Beschäftigung mit gesundheitlichen, medizinischen Themen, besondere Intuition im Umgang mit Gesundheit. Alte erlittene oder zugefügte Verletzungen.
Vertex	Mit dem Vertex begegnen wir besonderen Begabungen und Aufgaben, besonderen Menschen, besonderen Themen, die im Blick auf unser seelisches Herkommen eine Bedeutung haben (»Karma« und die zugehörigen Themen und Personen). Es sind nicht die Begegnungen, die an der

Bewusstseinsoberfläche der normalen AC-/DC-Achse laufen, sondern jene Begegnungen, die gleichsam »von unten her« kommen und dann »in die Tiefe gehen«, »tief wirken«. Darum bedeutet der Vertex auch Faszination, Attraktion, Anziehung, Sehnsucht, Obsession, Verstrickung. Insgesamt eher reaktiv, oft lange unerkannt.

Die »Karma-Astrologie« schöpft vielfach aus der indischen Astrologie. Teilweise wird auch, ähnlich wie in den Systemen der indischen Astrologie, mit dem siderischen Tierkreis gearbeitet. Im deutschsprachigen Raum sorgten in den 80er-Jahren zunächst die Bücher von Martin Schulman, später die Werke von zwei französischen Autorinnen, Dorothée Koechlin de Bizemont und Irène Andrieu, dafür, dass die »Karma-Astrologie« größeres Interesse fand.[78]

Das Thema von Karma und Wiedergeburt ist allgemein und so auch in der Astrologie-Community von nicht geringer Bedeutung. Wenn der Karma-Begriff das ist, was zu sein er sich anheischig macht, nämlich eine zwingend einzulösende, eben karmische Unausweichlichkeit, dann müsste die psychologische Astrologie mit dem mahnenden Finger auf eine derartige Determination des Einzelnen hindeuten. Auch wenn man den Karma-Begriff weich als ein unbedingtes Hingezogensein zu irgendeinem Menschen oder zu einer Ereignissituation zu verstehen sucht, bleibt es beim flagranten Verdacht der wahrsagerischen Zuschreibung.

Man kann Karma nicht »beweisen«. Infolgedessen lassen sich auch »karmische Deutungen« einzelner Horoskopfaktoren nicht »beweisen«. Für diejenigen, die das Konzept von Karma und

---

[78] Vgl. die Publikationen zur Karmischen Astrologie von Martin Schulman (Bd. 1 – 4, Sauerlach 1983 f.) sowie Dorothée Koechlin de Bizemont: Karma-Astrologie. Das Horoskop als Spiegel vergangener Leben. München 1985 (zuerst frz. 1983) und Irène Andrieu: Karma im Horoskop. Die Deutung von Mondknoten, rückläufigen Planeten und Karmaregenten. München 1989 (zuerst frz. 1984).

Reinkarnation weltanschaulich als zutreffend empfinden, können »karmische Deutungen« sehr plausibel sein. Für alle anderen gilt das Gebot der »Aussagegrenze«.

Möglicherweise gilt hier: Die Verortung und Ziehung von Aussagegrenzen hängen auch vom Fernblick von Ratsuchendem und Berater ab. Dem einen blickt die Chinesische Mauer des hinter dieser liegenden No-Go aus den Augen, dem anderen das unbekannte, aber faszinierende Land hinter der vorsorglich gezogenen Horizontlinie. Und die Rollenverteilung zwischen Ratsuchendem und Berater ist keineswegs festgelegt!

7. Herausforderungen für die Astrologie

Die Astrologie ist eine von mehreren Disziplinen, die jeweils aus ihrem Blickwinkel Weltdeutung und Menschenkunde betreiben. Andere Disziplinen dieser Art sind die Philosophie, die Theologie und allgemein die Religionen, die Psychologie und eventuell die Soziologie. Die Naturwissenschaften und die Humanwissenschaften tragen aus ihrem Blickwinkel zur Weltdeutung und zur Menschenkunde bei. Im Folgenden stelle ich einige Problemfelder der Astrologie zusammen – Problemfelder, die sich aus der Konfrontation zwischen Astrologie und übrigen »Weltdeutungsansätzen« ergeben.

7.1. Schicksal und freier Wille

Der Mensch ist natürlich frei darin zu tun, was er will. Aber was will der Mensch eigentlich? Davon hängt ja alles andere ab. Und was der Mensch wollen könnte, ist ebenso Gegenstand der eigenen Besinnung wie auch Einsicht in den Umstand, dass der Mensch gar nicht frei darin ist, zu wollen, was er will. Woher kommt mein spezifischer Wille, den ich einsetzen muss und kann, um zu tun, was ich will? Kommt er von irgendwoher oder ist er in mir angelegt? Kann ich dieses Wollen ändern?

Handeln setzt einen Willen voraus. Innerhalb dieses Willens habe ich in der Regel mehrere Handlungsmöglichkeiten bzw. Handlungsoptionen. Ich will von Flensburg nach Konstanz gelangen. Ich kann das zu Fuß erledigen, mit dem Fahrrad oder mit der Bahn. Aber ich kann nicht einfach diesen meinen Willen ändern. Ich bin nicht frei darin, zu wollen, was ich will. Was ich will, was ich wollen könnte bzw. sollte, ist seinerseits Gegenstand meines Schicksals. Wenn es mein Wille und womöglich meine Vorherbestimmung ist,

Maler zu sein, nicht aber, Fachverkäufer für Fleisch- und Wurstwaren zu sein, dann ist es mir unmöglich, doch die Existenz des Fachverkäufers in Sachen Wurst und Fleisch ausfüllen zu *wollen.* Ich will ja Maler sein.

Mir stehen zur Erfüllung meines Willens, Maler zu sein, viele Möglichkeiten und Optionen offen. Ich kann auf ganz unterschiedliche Weise agieren, um diesen meinen Willen umzusetzen. Ich kann mich auf ganz unterschiedliche Erfahrungs- und Ausbildungswege begeben, um Maler zu sein. Ich kann mit Begünstigungen leben (aber ja doch!), sogar mit Widerständen, kann mich so oder so verhalten, um meinen Willen durchzusetzen. Innerhalb dieses meines Willenshorizonts kann ich im Prinzip tun, »was ich will«. Wenn mir aber jemand sagen würde, »nun wolle es doch einmal, Wurstfachverkäufer zu sein«, würde ich verständnislos den Kopf schütteln. Das zu wollen liegt außerhalb meines Wahl- und Willenshorizonts.

Mein Wille kann negiert, kann mir versagt werden. Möglicherweise bin ich in eine Metzgersfamilie hineingeboren. Obwohl ich malen will und Maler sein möchte, werde ich in eine Lehre als Fleischfachverkäufer gesteckt. Das wird schief gehen. Ich werde keine Freude an meiner Tätigkeit haben. Meine Familie wird keine Freude an mir haben. Es wird auf die eine oder andere Weise zum Bruch kommen – durch Trennung, durch Neurosenbildung, durch Krankheit und Tod.

Es gibt gewissermaßen Zwänge und Zwänge. Mein Wille folgt meiner Vorherbestimmung als Maler. Das darf man als Zwang beschreiben – ein innerer Zwang freilich, dem ich voller Freude und Tatendrang folge. Dann spüre ich größtmögliche Freiheit. Oder ich werde von außen gezwungen, meinen Willen zu unterdrücken – ein Zwang, der mich lähmt und mir alle Fesseln einer Knechtschaft auferlegt.

Wir wissen keineswegs immer, was wir »wollen«, welches unsere Willenshorizonte sind. Selbst wenn wir immerhin wissen, was wir nicht wollen, ist es noch mühsam, liegen noch viele Umwege vor uns. Und jeder Umweg scheint nötig. Manchmal vermeinen wir, genau dieses oder genau jenes zu wollen, und lernen erst durch die

Erfahrung einer lebensgeschichtlichen Sackgasse, durch die Erfahrung des Scheiterns, dass unser Wille in eine andere Richtung zielt. Ist uns aber erst bewusst, was wir wollen, gewinnen wir eine gewisse Dynamik und Gradlinigkeit. Dann machen wir, »was wir wollen«, freilich machen wir es unter dem uns eigenen Willenshorizont.

Dynamik und Geradlinigkeit, das Bewusstsein, dem eigenen Willen gemäß zu leben und zu handeln, machen die Illusion der »Willensfreiheit«, der »Entscheidungsfreiheit« aus. Wir fühlen uns frei, wenn wir unserer Bestimmung, unserem Willenshorizont gemäß leben und handeln. In gewisser Weise sind wir dann ja auch »frei«, weil wir die relativ wenigsten Hindernisse überwinden müssen oder weil wir die kreativsten Antworten auf Hindernisse finden, weil wir die größtmögliche Geduld und Ausdauer aufzubringen vermögen.

Das ist das Paradox: Am freiesten sind wir, wenn wir unserem Willen gemäß leben, nämlich unserer Bestimmung gemäß. Bestimmung, das ist Schicksal. Wir glauben stets, Schicksal sei etwas, das von außen auf uns zukomme, für die Anhänger esoterischer Traditionen als mieses Karma, für Anhänger christlicher Lehren als »unerforschlicher Ratschluss Gottes« – und Materialisten glauben nicht daran und leiden doch. In Wahrheit kommt Schicksal als Materialisierung unserer Bestimmung von innen. »Was kann einem Mann mehr begegnen, als dass er sein Schicksal erfahre?« So heißt es in dem Artusroman GAWAN BEIM GRÜNEN RITTER.[79]

Was wir als unseren »freien Willen« feiern, hat den künstlichen Charakter einer Instantsuppe. Wir wollen uns jederzeit ins Auto setzen können, statt auf die nächste Bahn zu warten und dreimal umsteigen zu müssen. Wir wollen die Riesenauswahl im Supermarkt, weil uns Quark mit Pellkartoffeln zu dürftig erscheint. Aber dafür nehmen wir den 10-Kilometer-Stau auf der Autobahn in Kauf, sind im Supermarkt restlos überfordert vom Angebot dort. Dabei ist das alles bloß lächerlich, eine nette Droge, eine Art von Mobilitäts- und Konsumkokain. Und hinter diesen oberflächlichen Freiheiten

---

[79] Zit. n. Heinrich Zimmer: Abenteuer und Fahrten der Seele. Ein Schlüssel zu indogermanischen Mythen. München 1977, S. 80.

tauchen all die »*Must have's*« und »*Must have seen's*« auf, all die Angebereien und, ja, Zwänge des modernen Menschen. Der angeblich »freie Wille« macht nur, dass wir uns von unserer Bestimmung entfernen.

Reden wir also von »Entscheidungsfreiheit«. Wir kommen nicht ohne Entscheidungen aus. Sich nicht zu entscheiden ist auch eine Entscheidung, wenngleich eine wenig schöpferische.

1. können wir uns »nur« innerhalb unseres Willenshorizonts »frei entscheiden«. Jede Entscheidung bzw. Entscheidungsvariante geschieht innerhalb unseres Willenshorizontes und trägt von vornherein zu dessen Ausgestaltung bei.
2. überblicken wir nie von vornherein alle Konsequenzen, die aus unseren Entscheidungen folgen. Insofern kann von Freiheit keine Rede sein.
3. überblicken wir nie vollends die Bedingungen, denen unsere Entscheidungen unterliegen – von unserer momentanen seelischen Verfassung bis zu den Traditionen, die uns leiten und uns begrenzen. Wir entscheiden und verwirklichen letztlich im Blindflug.

Ein Trost könnte hier sein, dass eben all unsere Entscheidungen zur Verwirklichung unserer Bestimmung beitragen. So könnten wir uns also zurücklehnen und gelassen agieren – in dem Wissen, dass es dann auch keine falschen Entscheidungen geben kann. Dieser Trost hat seine Tücken. Denn wenn es keine falschen Entscheidungen gibt, ist es mit einer Freiheit der Entscheidung nicht weit her. Dann ist im Grund alles vorherbestimmt. Freiheit wäre dann eine Illusion. Eventuell gibt es optimale und weniger optimale Entscheidungen. Die Möglichkeit, dass es keine falschen Entscheidungen gibt, stellt Kreativität und Gestaltungskraft empfindlich infrage. Unabhängig hiervon ist es schon aus seelenhygienischen Gründen heraus sinnvoll, Entscheidungen als schöpferischen Rohstoff zu betrachten, den man aufrichtig und nach bestem Wissen und Gewissen gestaltet.

Reden wir schließlich von den zuträglichen und abträglichen

Bedingungen zur Verwirklichung persönlicher Bestimmung. Diese Bedingungen sind gewissermaßen Vorbedingungen zur Findung und Wahrung und Ausgestaltung der persönlichen Vorherbestimmung. Demokratische Strukturen, Achtung und Wertschätzung von Grundrechten, ausreichende Berücksichtigung leiblicher und seelischer Bedürfnisse, Toleranz, Emanzipation von Frauen und Männern, Ehrfurcht vor dem Leben – kurzum, alle Merkmale einer offenen, pluralen, gewaltfreien Gesellschaft und einer zugewandten achtsamen Haltung des Einzelnen gehören mit in den Kreis der zuträglichen Bedingungen zur Verwirklichung der eigenen Bestimmung. Die Grund- und Hauptbedingungen sind Liebe und Mitgefühl. Gegenläufig und »kontraindiziert« sind Hass, Zwang, Gewalt, Ausbeutung.

Das heißt mit anderen Worten: Aus dem Umstand, dass der Mensch überwiegend nicht frei ist, dass der Mensch einer weitreichenden Vorbestimmung folgt und dass der Mensch, um dieser Vorbestimmung folgen zu können, Entscheidungen treffen muss, ziehe ich den Schluss, dass dann wenigstens die psychosozialen, die gesellschaftspolitischen Modelle des Zusammenlebens von Individuen auf Freiheit, auf Pluralität, auf Toleranz beruhen sollten: Freiheit um der weitgehenden Vorherbestimmung willen – darauf läuft es paradoxerweise hinaus. Das bedeutet freundliches, nachdenkliches und kritisches Hinterfragen all derer, die zu wissen glauben, was mir frommt. Wenn ich einer weitgehenden Vorbestimmung folge, dann ist etwas zutiefst in mir, was das Entwicklungsziel bereits kennt. Und was in mir ist, weiß mit Sicherheit besser darüber Bescheid als jeder noch so große Bruder[80] und jede noch so akademisch gebildete Machtelite.[81]

---

[80] Nach wie vor lesenswert: George Orwell: 1984. Wien 1950 u. ö.

[81] Was wir hier unter dem Blickwinkel der sehr begrenzten Willensfreiheit und der weitgehenden Vorherbestimmung des Menschen kurz diskutieren, erörtert aus psychologischer Sicht ausführlich: James Hillman. Charakter und Bestimmung. Eine Entdeckungsreise zum Sinn des Lebens. München 2002 (zuerst engl. 1996).

Alles in allem gilt:

- Der »freie Wille« existiert nicht. Man kann machen, »*was* man will«, wenn man sich im Rahmen des persönlichen »Willenshorizonts« bewegt, im Rahmen seiner Vorherbestimmung. Aber man kann *nicht wollen*, was man will.
- Die größte Freiheit verwirklicht der Mensch, wenn er gemäß seiner Vorherbestimmung, gemäß seinem Schicksal lebt und Entscheidungen trifft. Entscheidungen scheinen gestaltbar zu sein. Es ist denkbar, dass es keine »falschen Entscheidungen« gibt.
- Der Mensch kann wahrscheinlich am besten seiner Vorherbestimmung gerecht werden, wenn die Bedingungen einer offenen, toleranten und liebevollen Gesellschaft vorherrschend sind.

Das individuelle Geburtshoroskop ist eine Landkarte, die zur Erkenntnis des eigenen Willenshorizonts und dessen Ausgestaltung hinführt. Keine Landkarte bildet die Wirklichkeit gänzlich und im Maßstab 1:1 ab. Keine Landkarte verzeichnet jeden Baum, jedes Haus, jeden Weiler. So hat auch das Horoskop seine Aussagegrenzen, lässt Deutungen und Fragen offen. Eine Landkarte ersetzt nicht die Wegbewältigung. Wandern, fahren muss ich selber. Und so muss ich bereit sein, mein Horoskop zu leben und zu gestalten: Unter diesem Horizont stehe und gehe ich, so bin ich gemeint.

In diesen Grenzen sind wir darum zum »Freien Willen« geradezu verurteilt. Wir haben keine andere Wahl!

7.2. Die Qualität der Zeit

Die Astrologie ordnet den Planetenkonstellationen jeweils eine gewisse Bedeutung zu. Diese Konstellationen existieren zunächst räumlich. Man kann aber nun für eine Konstellation deren Eintreten und deren Dauer angeben, wenn man auf das Datum und die Uhr schaut. Landläufig sagen wir, dass Zeit eine bestimmte Qualität habe. Die Rede von der »Qualität der Zeit« ist also möglicherweise eine Metapher.[82] Damit geht die Astrologie wie alle divinatorischen und die meisten esoterisch-charakterkundlichen Deutungssysteme, von einer Qualität der Zeit aus. »Alles hat seine Zeit.« Menschliche Erfahrungen und Handlungen sind aufgrund ihrer spezifischen Beschaffenheit zeitgebunden und können nicht beliebig eintreten.

Die Astrologie klammert sich im Übrigen an diesen poetischen Text aus dem Prediger Salomo, dass »alles seine Zeit« habe, dass also bestimmte menschliche Erfahrungen und Handlungen aufgrund ihrer spezifischen Beschaffenheit zeitgebunden seien und nicht beliebig eintreten könnten. Die Idee von der Qualität der Zeit ist ein weiteres Argument, das gegenüber dem »freien Willen« und gegenüber der »Freiheit der Entscheidung« grenzsetzend wirkt. Denn dann hängt es unter Umständen auch von einem bestimmten Zeitpunkt ab, ob und dass und wann ich mir meines Willens bewusst werde und das tue, was ich will. Für das Problem von Schicksal, Vorherbestimmung und Willensfreiheit ist es übrigens unerheblich, ob das Reden von der Qualität der Zeit im Wortsinn oder »nur« metaphorisch aufzufassen ist. So oder so, die zugehörigen Konstellationen betreffen mich. Mag auch der Frühling eine rein bewusstseinsbedingte, metaphorische Jahreszeit sein, seine Blumen duften gleichwohl in meiner Nase und meinem Herzen![83] Mit anderen

---

[82] Die meisten Astrologen gehen, soweit ich blicke, von einer Existenz der »Zeit« aus und betrachten die Planetenkonstellationen als Anzeige von Zeitpunkten und Zeitdauer. Da es unterschiedliche Konstellationen gibt, die unterschiedlich gedeutet werden, und da dieses Deuten zugleich (und zwangsläufig) unterschiedliche Qualitäten namhaft macht, liegt es nahe, damit zugleich von einer »Qualität der Zeit« zu sprechen. – Der Astrologe Dr. Peter Niehenke bezeichnet die Rede von der »Qualität der Zeit« ausdrücklich als Metapher (vgl. http://qualitaet-der-zeit.internet-astrozentrum.com/ - Abruf am 15.04.2019). Niehenkes Argumente laufen meines Erachtens darauf hinaus, dass »Zeit« eine Bewusstseinsleistung des Menschen darstellt. Das erörtert Niehenke eindrücklich an dem gängigen Science-Fiction-Motiv der Zeitreise in die Vergangenheit. Zeit als menschliche Bewusstseinsleistung – das ist die Position, die schon Kant vertreten hat.

[83] Metaphern haben ihren eigenen Erkenntniswert, sie erzeugen Aha-Erlebnisse

Worten: Wir können die Wirkmächtigkeit von Bildern, von Illusionen, von Metaphern für die Wahrheitsfindung gar nicht genügend hoch schätzen. Platons Höhlengleichnis lehrt uns, dass die Wahrheit deutlich außerhalb unserer Höhle liegt. Andererseits lehrt das Höhlengleichnis auch, dass unsere Wahrnehmungen innerhalb unserer Höhle sehr deutlich darauf hinweisen, dass da außerhalb der Höhle »etwas ist«. Mag also Zeit bzw. Zeitqualität nichts als eine Metapher sein; sie verweist dennoch darauf, dass es »außerhalb der Höhle« etwas gibt, für das diese Metapher steht.

Kann man das Spiel der Metaphern und Entsprechungen auch in umgekehrter Richtung spielen? Da wäre zunächst eine Qualität der Zeit, die gegeben ist. Und bildlich passen dazu bestimmte, im solaren bzw. planetarischen Raum gegebene Konstellationen? Genau darin besteht die metagnostische Umkehrung, mit der die Astrologie arbeitet, wenn der Blick während einer Beratung oder einer schriftlichen Horoskopanalyse in die Vergangenheit des Klienten geht: Ein gewisse Lebensphase, eine sich vollziehende Schicksalsbildung hat »ihre Zeit«. Es gibt ein Eintreten in diese Phase, die eine gewisse Dauer hat. Dem entsprechen räumlich bestimmte Konstellationen. Wir könnten von der Qualität des Raumes sprechen. Dies wäre eine weitere Metapher.

An dieser Stelle lohnt es sich, näher auf Kant im Besonderen und auf einige seiner Nachfahren in Sachen Zeitphilosophie einzugehen. Zunächst ein Zitat zu Kants Auffassungen aus dem in jeder Hinsicht bemerkenswerten Werk TERTIUM ORGANUM von P. D. Ouspensky:

> Kant stellte die Tatsache fest, dass alles, was man mittels der Sinne erkennt, in Form von Zeit und Raum erkannt wird und dass wir außerhalb von Zeit

---

und haben zudem ihren ästhetischen Reiz. Ich weiß nicht wirklich, ob ich die Zeit gegenständlich, metaphorisch oder illusorisch auffassen soll (vgl. meine mäandernden Einlassungen zum Thema Zeit in: Christoph Schubert-Weller: Verstehen und Erkennen in der Astrologie. Philosophische Fragen und Thesen. Tübingen 2011, S. 151–155.). Die beachtliche Gewissheit eines Immanuel Kant bzw. eines Peter Niehenke (vgl. die vorige Anmerkung) habe ich nicht.

und Raum nichts mittels der Sinne erkennen können; dass Zeit und Raum notwendige Bedingungen der Sinnesaufnahme sind (d. h. der Aufnahmeweise mittels der fünf Sinnesorgane). Darüber hinaus wies er, was höchst bedeutend ist, die Tatsache nach, dass die Ausdehnung im Raum und die Existenz in der Zeit keine Eigenschaften sind, *die den Dingen zugehören,* sondern nur Eigenschaften unserer Sinnesaufnahme; dass in Wirklichkeit, abgesehen von unserem sinnlichen Erkennen der Dinge, diese unabhängig von Zeit und Raum existieren; doch dass wir sie niemals außerhalb von Zeit und Raum wahrnehmen können, und da wir die Dinge und Erscheinungen derart sinnlich wahrnehmen, wir dadurch ihnen die Bedingungen von Zeit und Raum als *unserer* Wahrnehmungsform auferlegen.[84]

So weit, so gut. Einige Fragen dazu:

1. Wie sind die Dinge, wenn gerade keiner hinguckt, wenn sie sie in keiner Weise auch nur annähernd wahrgenommen werden? Dann unterliegen sie ja auch nicht den Bedingungen unserer Wahrnehmungsform. Wer weiß, die Dinge sehen möglicherweise grässlich und monströs aus: die Dinge an sich als Aliens, die im Schrank, wo sie versteckt sind, unabhängig von und immun gegen Raum und Zeit sind. Aber sobald jemand die Schranktür öffnet, sind die Aliens nett, adrett und humanoidgenkonform. Was
2. die Frage aufwirft, ob Menschheit und Welt nicht längst von Aliens unterwandert sind. Das ist nur halbwegs eine Scherzfrage, denn es ist vorstellbar, dass es Ausnahmen von der gängigen Wahrnehmungsform gibt. Der Mensch ist
3. längst in der Lage, auf mindestens zwei Zeitlinien parallel zu denken und abzuwägen. Das lehrt uns schon die grammatikalische Erscheinung von Konjunktiv bzw. Irrealis in unseren Sprachen. Möglicherweise können Zeit (und Raum) ihren Status als notwendige Bedingungen menschlicher Sinnesaufnahme verändern. Erstaunlich ist

---

[84] P.D. Ouspensky: Tertium Organum. Der dritte Kanon des Denkens. Ein Schlüssel zu den Rätseln der Welt. Weilheim 1973 (zuerst ca. 1920), S. 14.

4. der kollektiv-psychologische Charakter der Wahrnehmungen in Raum und Zeit. Die Orientierung in Raum und Zeit scheint für alle (in etwa) gleich. Wir können uns mit wildfremden Menschen zu einer bestimmten Zeit an einem bestimmten Ort verabreden. Diese Verabredungen werden in aller Regel erfolgreich eingehalten. Eisenbahnen verkehren wahrscheinlich unabhängig von unserem individuellen Wahrnehmungsgefüge pünktlich oder mit Verspätung. Das Leben wäre schwierig, wenn es nicht so wäre; und dennoch sollten wir darüber staunen, dass es so ist, wie es ist. Mit anderen Worten: Raum und Zeit müssen für alle Menschen (in etwa) dasselbe bedeuten. Fossilien müssen für alle Menschen (in etwa) den gleichen Status als »Relikte einer fernen Vergangenheit« haben.

Ouspensky erörtert das Problem der Zeit in Abhängigkeit vom Raum. Nach einer sorgfältigen logischen Analyse kommt Ouspensky zu folgendem Schluss:

> Mit der Zeit meinen wir die *Entfernung,* die Ereignisse in der Ordnung ihrer Aufeinanderfolge trennt und sie zu verschiedenen Ganzheiten verbindet. Diese Entfernung liegt in einer Richtung, die nicht im dreidimensionalen Raum enthalten ist, daher wird sie die *neue Raumdimension sein.* ... Sie ist unvereinbar und unermessbar *mit den Dimensionen des dreidimensionalen Raums* ... Sie ist senkrecht zu allen Richtungen des dreidimensionalen Raumes und ist zu keiner von ihnen parallel. ... Als Folgerung aus all dem Vorangehenden können wir sagen, dass *die Zeit* (wie sie gewöhnlich verstanden wird) *zwei Ideen* in sich einschließt: jene eines gewissen für uns unbekannten Raumes (der vierten Dimension) und jene einer Bewegung auf diesem Raum. Unser ständiger Irrtum besteht in dem Umstand, dass wir in der Zeit niemals zwei Ideen, sondern immer nur eine sehen. Gewöhnlich sehen wir *in der Zeit* die Idee der Bewegung, doch wir können nicht sagen, woher, wo, wohin, noch auf welchem Raum. Schon früher wurden Versuche gemacht, die Idee der vierten Dimension mit der Idee der Zeit zu vereinigen. Doch in jenen Theorien, die versucht haben, die Idee der Zeit mit der Idee der vierten Dimension zu verbinden, erschien immer die Idee eines räumlichen Elements als in der Zeit existierend, und zusammen mit ihm wurde die

Bewegung auf jenen Raum angenommen. Jene, die diese Theorien ausdachten, verstanden offensichtlich nicht, dass sie, indem sie die Möglichkeit von Bewegung übersahen, die Forderung nach einer *neuen* Zeit stellten, weil die Bewegung außerhalb von Zeit nicht stattfinden kann. Und als Ergebnis geht die Zeit vor uns her, wie unser Schatten, und weicht zurück in dem Maße, wie wir uns ihr nähern. Alle unsere Wahrnehmungen der Bewegung sind verwirrt worden. Wenn wir uns die neue Dimension des Raums und die *Möglichkeit* der Bewegung auf dieser neuen Dimension vorstellen, wird die Zeit sich uns weiter entziehen und uns klar machen, dass sie genauso unerklärt ist wie zuvor. ... Es ist notwendig, zuzugeben, dass wir mit einem einzigen Ausdruck – *Zeit* – wirklich zwei Ideen bezeichnen – ‚einen gewissen Raum' und ‚Bewegung in jenem Raum'. Diese Bewegung existiert in Wirklichkeit nicht und sie scheint für uns nur zu existieren, weil *wir* die Räumlichkeit der Zeit *nicht sehen*. Dies will besagen, die Empfindung der Bewegung in der Zeit (und es existiert keine Bewegung außerhalb der Zeit) kommt in uns auf, weil wir auf die Welt wie durch eine enge Spalte blicken und nur die Schnittlinien der Zeitebene mit unserem dreidimensionalen Raum sehen. Es ist daher notwendig zu erklären, wie grundlegend unrichtig unsere gewöhnliche Theorie ist, dass wir die Idee der Zeit aus der Beobachtung der Bewegung ableiten und dass sie wirklich nichts weiter ist als die Idee jener Aufeinanderfolge, die wir in der Bewegung beobachten.[85]

Die fundamentale Einsicht Ouspenskys ist, dass Zeit Entfernung bedeutet und nicht Bewegung und dass Zeit zugleich eine vierte Raumdimension bedeutet. Die Bewegung der Zeit ist die eigentliche Illusion. Sie kommt durch die Umstände der Zeitmessung auf. Die sich bewegenden Zeiger der Uhr, das sich bewegende Planetensystem – die gängigen Mittel der Zeitmessung suggerieren die Bewegung der Zeit selbst.

Wir sind es, die wir uns bewegen, und zwar in eine Richtung, die nicht im vertrauten dreidimensionalen Raum enthalten ist. Es ist die Richtung, in der wir der Entfernungen zwischen aufeinander-

[85] Ouspensky 1973, S. 41.

folgenden Ereignissen innewerden. Die Astrologie vollzieht sich zunächst im vertrauten dreidimensionalen Raum. Hier macht sie Konstellationen von Sonne, Mond und Planeten (usw.) namhaft, Landmarken räumlicher Qualität. »Dorthin« bewegt sich der Horoskopeigner und legt dabei auf der »Zeitlinie« eine bestimmte Entfernung zurück.

Was freilich ist, wenn der Horoskopeigner das »Dorthin« zwar in der richtigen Zielbestimmung, auf der richtigen »Zeitlinie« und mit derselben »bestimmten Entfernung« anvisiert, aber deutlich woanders herauskommt als vorgestellt? Das »Dorthin« ist dasjenige, was gedeutet werden will! Und damit ist das »Dorthin« die Pandora-Büchse aller astrologischen Fehldeutungen!

Das »Dorthin« ist natürlich stets in der Zukunft. Diese wird uns in den lebhaftesten Farben geschildert. Dorthin wollen alle; schlimm genug, wenn du nicht weißt, wohin du willst! Das ist die Verlockung im Gewand des Tadels, die von allen Prognosen, astrologischen wie nicht-astrologischen, ausgeht. Und wenn wir angekommen sind in der Zukunft, wenn wir »da sind«, ist es womöglich noch schlimmer und gespickt mit Fehldeutungen, und wir sind nur allzu bald zu einem nächsten »Dorthin« unterwegs. »Wohin geht's?«, wurde der Zeitreisende gefragt. »Nach Hause«, antwortete der.

7.3. Prognose und Zukunft

Das Wörterbuch der philosophischen Begriffe definiert Zukunft als

> Dimension der Zeit; im Unterschied zur Gegenwart das zu Erwartende, noch nicht Realisierte, auf uns Zukommende; als Gegenstand philosophischer Reflexion vor allem in der Geschichtsphilosophie und in Utopien behandelt; in der Existenzphilosophie ... Dimension der Zeitlichkeit im ‚Entwurf' des Daseins auf Möglichkeiten hin.[86]

[86] Wörterbuch der philosophischen Begriffe. Hamburg 2005, S. 752.

Die Zukunft als das »auf uns Zukommende« ist als identisch mit dem gedacht, was später zur Gegenwart wird. Zukunft als »Entwurf des Daseins auf Möglichkeiten hin« ist von vornherein nicht identisch mit späterer Gegenwart

Astrologische Prognose ist schon sehr erfolgreich, wenn es ihr gelingt, gewissermaßen die »Kapitelüberschriften« eines bestimmten Prognosezeitraums mehr oder weniger richtig anzugeben. Astrologische Prognose ist erfolgreicher, wenn sie gemeinsam mit anderen, nicht astrologischen Prognosemethoden angewandt wird.[87] Eine völlig unzutreffende Prognose ist *per se* unbrauchbar und unerwünscht. Aber eine zu 100 % zutreffende Prognose wäre ebenfalls unerwünscht und unbrauchbar, weil sie nur noch Schicksalsergebenheit statt Schicksalsgestaltung zuließe. Eine Ausnahme sollte allenfalls das Wetter betreffen, das kann gar nicht zutreffend genug prognostiziert werden.[88]

Zukunft und Prognose sind zwei sehr unterschiedliche und in sich paradoxe Angelegenheiten. Sie spiegeln das Bewusstseinsdilemma des Menschen wider, der sich aufgrund seiner derzeitigen Bewusstseinsausstattung Zeit nur als ein Nacheinander vorstellen kann, der aber zugleich »just in diesem Augenblick« (also vielleicht seit Erfindung der Sprache? seit Erfindung der Schrift?) dabei ist, seinem Vorstellungsvermögen ein paralleles Miteinander unterschiedlicher Zeitlinien im Sinn des »*Was wäre, wenn?*« zugänglich zu machen.

---

[87] Der amerikanische Finanzastrologe Raymond A. Merriman nutzt zur Vorhersage des Verhaltens von Börsen-Indizes neben der Astrologie und ihren Zyklen auch nichtastrologische Zyklenbildungen. Die Astrologie, so Merrimans Erfahrung, ist z.B. geeignet für die Bestimmung von »Umschwungzonen«, zu denen ein Index die Entwicklungsrichtung (Anstieg oder Sinken der Kurse) ändert. Die Kenntnis nichtastrologischer Zyklen, seien es Zyklen der Indizes selbst, seien es Banken- und Währungszyklen, erlaubt meist zusätzlich eine gleichzeitige Richtungsbestimmung.

[88] Schubert-Wellers Faustregel: Da, wo viel Wasser ist, ist die Wettervorsage tendenziell weniger verlässlich. – Ich lebe am Bodensee und glaube zu wissen, wovon ich rede.

Prognose ist zunächst das, was wir im Voraus wissen bzw. erkennen können. Was wir »im Voraus« zu wissen meinen, ist eine Wahrscheinlichkeit, die wir aus Gegenwart und jüngster Vergangenheit extrapolieren. Das allein schon kann von großem Interesse sein, selbst dann, wenn es banal ist. Das Wissen, dass etwa um Neumond und um Vollmond häufig das lokale Wetter wechselt und dass im Übrigen »morgen« das Wetter meist so ist wie das Wetter »heute«, lässt schon recht gute Prognosen zu. Diese sind gleichwohl eher banal.

Die Astrologie bzw. die astrologische Prognose kennt den »eingebauten« Stör- und Überraschungsfall. Wenn Uranus mit im Spiel ist, soll man sich generell nicht allzu sicher fühlen. Bei Uranus lautet der gängige Begleitsatz »Erwarte das Unerwartete!«. Prognose wandelt sich vom »Vorauswissen« zum »Nichtwissen im Voraus«. Wenn Uranus im Spiel ist, sind wir in der misslichen Lage, dass wir mit heftigen Überraschungen rechnen müssen, meist ohne über weitere Anhaltspunkte zu verfügen. Es ist dann schon viel, wenn wir das Eintreten einer Überraschung im Voraus zeitlich einigermaßen präzise eingrenzen können.

Damit nicht genug. Der Planet Merkur, an sich in der Astrologie das Symbol der Vernunft und des Verstandes, wird zu gewissen Zeiten zum »Trickster«, zum Witzbold, zum Gauner und Betrüger, der zunächst bestimmte Haltungen und Überzeugungen fördert, um wenige Tage darauf »Ätsch, alles gelogen!« zu rufen. Diese Merkur-Qualität zeigt sich vor allem bei Rückläufigkeit des Merkurs, wenn er aus Sicht der Erde scheinbar seine Laufrichtung wechselt und rückwärts wandert, bis dass er nach etwa 20 Tagen auch aus Sicht der Erde wiederum »direktläufig« wird, nämlich wieder vorwärts wandert. Diese scheinbare Rückläufigkeit aus Sicht der Erde hat, grob gesprochen, mit der Veränderung im Verhältnis der jeweiligen Eigenbewegungen von Merkur und Erde in ihren Umläufen um die Sonne zu tun.

Da hat die Astrologie anderen Wegen der Zukunftserschließung etwas voraus: Erstens berücksichtigt sie mit Uranus grundsätzlich einen starken Faktor der Ungewissheit, vor dem Prognose im üblichen Sinn des aus Vergangenheit und Gegenwart extrapolierten Vorauswissens mindestens tendenziell versagt.[89] Zweitens berücksichtigt sie mit der Konstellation der Merkur-Rückläufigkeit den Umstand, dass Verstand und Vernunft besonders anfällig für Störungen und Missbrauch sind.

Aber gerade die Störungen enthalten schöpferisches Potenzial der Zukunft: Mit Uranus sollten wir damit rechnen, dass immer mal wieder ein Richtungswechsel stattfindet, der in keiner »Prognose« sachlich enthalten ist. Bei rückläufigem Merkur sollten wir damit rechnen, dass wir gerade dabei sind, auf irgendwelche neokortikalen Einseitigkeiten hereinzufallen, und dass uns von dort nur die Fantasie und andere Hirnareale wieder heraushelfen. Jeder Betrug ist auch ein Selbstbetrug, und jeder Selbstbetrug enthält eine Fülle kreativer Möglichkeiten, tatsächlich der Wahrheit auf die Spur zu kommen, aber ebenso viele Möglichkeiten, die Instrumente und die Fertigkeiten zu erfolgreichem Betrug (und Selbstbetrug) zu vertiefen.[90] Uranus markiert die Grenzen der Prognose. Der rückläufige Merkur macht die Grenzen bloßer Vernunft sichtbar, er macht sich gewissermaßen über die begrenzte Brauchbarkeit der prognostischen Werkzeuge lustig. Wer mit dem Wahrscheinlichen rechnet, sollte das Unwahrscheinliche nicht außer Acht lassen, und wer nur auf den Verstand setzt, ist ein verlässlicher Kandidat dafür, den Verstand zu verlieren.

---

[89] Ich betrachte die Inanspruchnahme von Uranus als »Planet der Astrologie« bzw. der Astrologen« als fragwürdig (vgl. Schubert-Weller 2011, S. 86 ff.). Ich räume allerdings ein, dass das Prinzip Uranus für die astrologische Prognose eine völlig eigene und einzigartige Qualität darstellt, die es meines Erachtens so in anderen Prognosetechniken nicht gibt, vgl. zur diesbezüglichen Kritik auch: Nassem Nicholas Taleb: Der Schwarze Schwan. Die Macht höchst unwahrscheinlicher Ereignisse. München 2008. Hinsichtlich der Prognose ist Uranus also doch der »Planet« der Astrologie und der Astrologen. Paradoxerweise gibt es Astrologen, die Prognosen generell ablehnen. Soll ich jetzt sagen: »Typisch uranisch«?

[90] Zur Theorie der Täuschung und Selbsttäuschung ausführlich: Robert Trivers: Betrug und Selbstbetrug. Wie wir uns selbst und andere erfolgreich belügen. Berlin 2013 (zuerst engl. 2011).

Inhaltlich dürfte astrologische Prognostik dem existenzphilosophischen Begriff von Zukunft recht nahe kommen. Zukunft ist nicht nur das auf uns »Zukommende«, das gerade darum schon irgendwie »da ist«, sondern Zukunft ist noch weit eher Entwurf des Daseins im Blick auf Möglichkeiten hin. In der Astrologie liegen solche Möglichkeiten in Konstellationen beschlossen. Diese Möglichkeiten sind nicht beliebig; sie müssen bedeutungsmäßig zur Konstellation passen, müssen in ihr enthalten sein. Welche Möglichkeiten im Rahmen einer gegebenen prognostischen Konstellation tatsächlich die auf den Horoskopeigner zukommende Wirklichkeit ist, ist genau genommen unbekannt! Im Nachhinein gehört diese Wirklichkeit mit in die unabdingbare und womöglich zwingende Entwicklung des Horoskopeigners.

7.4. Zukunftsforschung

Zukunftsforschung hat zunächst mit Astrologie nichts zu tun. Allgemein stellt moderne Politik, moderne Gesellschaftslenkung fest, dass allenthalben ein steigender Bedarf an Prognosen eine Rolle spielt. Das betrifft vor allem Humanwissenschaften wie Medizin, es betrifft Demografie, wirtschaftliche Daten, Soziologie usw. – Kirchen benötigen handfeste Prognosen über die Zahl von regelmäßigen Kirchgängern, um den Bedarf an Geistlichen zu planen. Man benötigt jährlich verlässliche Geburtsstatistiken, denn jeweils sechs, sieben Jahre später müssen für die Kinder aus einer solchen Statistik ausreichend Grundschullehrerinnen und Grundschullehrer bereitstehen.

Aber Zukunftsforschung ist mehr als nur Sozial- und Wirtschaftsplanung. Um beim Beispiel der Schule zu bleiben: Auf welche gesellschaftliche Entwicklung, welche Trends treffen die demnächst einzuschulenden Kinder und ihre Lehrer? Mit welchen Unterrichtsinhalten werden dann sinnvollerweise die Köpfe der Kinder (und ihrer Lehrer) möbliert?

Grob gesprochen entwickelten mit dem Ende des Zweiten

Weltkriegs die Industrieländer ein stärkeres Interesse an Zukunftsforschung. Einer modernen Definition gemäß ist »Zukunftsforschung«

> die wissenschaftliche Befassung mit möglichen, wünschbaren und wahrscheinlichen Zukunftsentwicklungen und Gestaltungsoptionen sowie deren Voraussetzungen in Vergangenheit und Gegenwart.[91]

Es heißt dort zum Umfang der Zukunftsforschung:

> Der Gegenstand der Zukunftsforschung bestimmt keine fest umrissene Wissenschaft. Gleichwohl lässt sich aus den wissenschaftlichen Werken und Projekten der modernen Zukunftsforschung eine Reihe von Bestimmungselementen explizieren, die den Forschungsgegenstand abgrenzen. Danach ist Zukunftsforschung befasst mit: komplexen dynamischen Systemen und Prozessen; großräumigen bzw. globalen Zusammenhängen und Wirkungen; mittel- und langfristigen Folgen von Entscheidungen, Maßnahmen und Handlungen aus Vergangenheit und Gegenwart; mittel- und langfristigen Zeiträumen, Perspektiven und Handlungsorientierungen in der Zukunft (mittelfristig umfasst einen Zeitraum von ca. 5 bis 20 Jahren, langfristig von ca. 20 bis 50 Jahren und in Ausnahmefällen auch darüber hinaus); sektorübergreifenden Problemen, Themen und Handlungsstrategien; Unsicherheiten, Diskontinuitäten und vernetzten Folgen höherer Ordnung; Vorstellungen über zukünftige Entwicklungen in ihrem Einfluss auf gegenwärtiges und zukünftiges Verhalten.[92]

7.5. Zufall und Bedeutung

Es gibt keine Zufälle, heißt es oft in astrologischen und esoterischen Kreisen. Wenn es keine Freiheit gibt, geschehen alle Dinge zwingend. Wenn es keine Freiheit gibt, wenn alles vorherbestimmt ist, sind bloße Zufälle unmöglich. Ehrlich gesagt, ich weiß nicht, ob

---

[91] Rolf Kreibich: Zukunftsforschung. Institut für Zukunftsstudien und Technologiebewertung. Arbeitsbericht 23/2006. Berlin März 2006. S. 3.

[92] Ebda.

es wirklich keine Zufälle gibt. Was ich zu wissen glaube, ist, dass es in meinem Leben viele Ereignisse gab und gibt, die für mich eine *Bedeutung* haben. Und es gab und gibt andere Ereignisse, die unbedeutend waren und sind. Die bedeutsamen Ereignisse in meinem Leben betrachte ich nicht als Zufälle. Vorherbestimmt oder nicht, diese bedeutsamen Ereignisse waren (und sind) für mich zugleich auch bestimmend. Regelmäßig lohnt und lohnte es sich auch, diesen Ereignissen mit den Werkzeugen der Astrologie nachzugehen und nachzuspüren.

Die Astrologie macht es sich allerdings sehr einfach, wenn sie kurzerhand alles für überzufällig, für bedeutsam erklärt. So macht man sich unentbehrlich: Dauernd ist was los, auch wenn gerade nichts anliegt, auch wenn gerade mal nur Muße und ein Mittagsschläfchen angesagt sind. Echte zwingende Überzufälligkeit sollte doch in der Lage sein, bis nach der Mittagsruhe zu warten. Andererseits, kann denn etwas, das zwingend ist, überhaupt warten? Ich vermeide also am besten das Reden vom »Zufall« bzw. von der zwingenden Überzufälligkeit und ziehe das Reden von der Bedeutsamkeit oder Bedeutungslosigkeit von Entwicklungen und Ereignissen vor.

Das heißt freilich, dass die Astrologie kein Mittel ist, mit dessen Gebrauch wir zufällige Ereignisse und nicht zufällige Ereignisse sauber trennen könnten. Was ist unausweichliches, in den Sternen geschriebenes Schicksal und was ist zufälliges Geplänkel einer sich gerade beschäftigungslos gebenden Gegenwart? Das ist möglicherweise ein Problem schlichter persönlicher Wertung. Und die wiederum ist möglicherweise zwingend.

Wir gelangen mit dieser Einlassung wieder zum Verständnis des Horoskops als »Landkarte«. Landkarten im Maßstab 1:1 gibt es nicht; und im Übrigen wissen wir, dass Landkarten im großen Maßstab mehr Einzelheiten verzeichnen als Landkarten im kleinen Maßstab. Alle astrologischen Systeme bemühen sich um größere diagnostische Genauigkeit; alle Systeme sind in dieser Hinsicht irgendwie erfolgreich, aber kein System deckt alles ab. In allen Systemen der Astrologie entstehen Deutungslücken. Diese lassen offen, was zwingend ist und was nur »zufällig« ist. Und wiederum gilt, dass wir die Folgen unseres Handelns nicht überblicken. Von Freiheit kann einmal mehr keine Rede sein. Dann bleiben lauter zwingend so eintreten müssende Entwicklungen übrig. Das heißt wiederum, dass es Zufälle nicht gibt!

Wenn wir »im Flow« sind, erleben wir oft, dass sich »die Dinge fügen«; sie »fügen« sich wie magisch in eine sinnvolle Ordnung ein. Genau, sie »fügen« sich unseren Vorstellungen. Das sind die Zeiten, in denen Zufälle keine Zufälle sind und in denen uns bedeutsame und bedeutende Dinge geschehen. Freilich, das, was bedeutend ist, ist das, was wir für bedeutsam halten. Und manchmal habe ich den Eindruck, dass sich die Wirklichkeiten und Ordnungen nicht immer so »verfügbar« halten, dann nämlich, wenn wir Ereignisse und Entwicklungen nicht verstehen, nicht »einordnen« können. Dann spielen die Dinge gerade nicht bei unserem Spiel mit, sondern scheinen anderswo involviert. Unsereiner wartet dann sehnsuchtsvoll auf die nächste Fügung. Geschieht die denn umso eher, wenn wir von vornherein den Zufall ausklammern?

Genau genommen enthält das Wort »Zufall« die drei Bedeutungen des Nichtwesentlichen, des Nichtnotwendigen und des Nichtbeabsichtigten. Das Nichtwesentliche, Nichtnotwendige und Nichtbeabsichtigte kann mir trotzdem wunderbar entgegenkommen, kann mir blendend in meine Vorhaben passen, unabhängig von dem, was ich zuvor absichtlich getan oder gelassen habe. Und ebenso kann ein »Zufall« alle schönen Absichten und Pläne durchkreuzen. Im »Zufall« liegt beschlossen, dass das jeweilige Zufallsereignis unterwegs seine Bedeutung wechselt. Das bekannte Beispiel ist mit dem »Schmetterlingseffekt« gegeben: mit der Frage, ob der Flügelschlag eines Schmetterlings in Brasilien einen Tornado in Texas auslösen könne.

Der Schmetterling im Urwald im Amazonas-Becken bewegt die Flügel und handelt für seinen begrenzten Lebensraum damit, so wollen wir unterstellen, absichtsvoll, wesentlich, mit der notwendig eintretenden Folge, dass dieser Schmetterling fliegt. Nicht vorhersagbar, aber sachlich möglich ist eine durch verstärkten Flügelschlag des Schmetterlings hervorgerufene leicht veränderte Luftbewegung, was schließlich zu ganz anderen Bedingungen führt. Anders gesagt, aus minimalen Unterschieden in den Anfangsbedingungen entwickeln sich mit der Zeit starke Unterschiede im System.

Für die Existenz des Schmetterlings in Amazonien ist der verstärkte Flügelschlag nicht wesentlich und möglicherweise nicht einmal beabsichtigt, nicht notwendig. Man kann nun argumentieren, dass der verstärkte Flügelschlag notwendig zu einem gänzlich veränderten Bedingungsgefüge führt. Für den Tornado in Texas – das vorläufige Endresultat des verstärkten Flügelschlags – ist das, was der Schmetterling macht, allerdings wesentlich und notwendig, selbst wenn keine Absicht dahintersteht. Zum Zufall gehört also irgendwie auch, dass man unter Umständen die anfänglichen Prozesse einer Entwicklung sehr gut kennt, dass man aber den weiteren Verlauf nur schwer oder gar nicht mehr einschätzen kann. Das liegt in der Natur des Systems, innerhalb dessen der Effekt eintritt. Das katastrophale Ergebnis eines Tornados in Texas steht in keinerlei abschätzbarem Verhältnis zur harmlosen Absicht des flügelschlagenden Schmetterlings im brasilianischen Urwald.

Der Schmetterlingseffekt ist das Sinnbild für die *condition humaine* der technisch-industriellen Moderne. Niemand ist in der Lage, die Folgen eines zehnten Schrittes einzuschätzen, wenn er sich gerade zum zweiten Schritt anschickt. Aber nachdem wir gelernt haben, einen Zusammenhang zwischen CO_2-Ausstoß und langfristiger Klimaveränderung herzustellen, erahnen wir die möglichen Folgen späterer Schritte. Zufall? In unserer bornierten Unbedarftheit neigen wir dazu, von bösen, blöden Zufällen zu sprechen … und ahnen doch, dass wir bedachtsamer und geduldiger hätten vorgehen müssen. Stattdessen haben wir uns vom Knattern der Maschinen und vom Rollen der Räder begeistern lassen, sind auf unseren eigenen Optimismus hereingefallen. Der Schmetterlingseffekt nun zeigt uns, dass die Frage nach Zufall und Notwendigkeit, Zufall und Überzufälligkeit, Zufall und Bedeutung nicht erst mit dem Menschen auftaucht. Möglich, dass der brasilianische Schmetterling mit etwas mehr Eile als sonst davonflattert, weil gerade Angehörige eines Indiostammes auftauchen und für Unruhe sorgen. Ein Raubtier ist aber genauso gut dafür geeignet: Der Schmetterling beeilt sich, die Sturmkatastrophe in Texas nimmt demnächst ihren Lauf.

7.6. Künstliche Intelligenz

Als im Jahr 1997 das Schachprogramm *Deep Blue* den damals amtierenden Schachweltmeister Gary Kasparow schlug, war das einigen Zeitgenossen Anlass, das Ende der natürlichen Intelligenz zu beschwören. Inzwischen sind die Schachprogramme um Etliches besser geworden. Was müssen wir fürchten? Müssen wir überhaupt etwas fürchten? Oder auch: Sind wir die letzte Generation, die noch nicht vollends von künstlicher Intelligenz und ihren Robotern dominiert wird? Das gängige Kürzel für Künstliche Intelligenz ist KI, wir wollen im Weiteren also auch dieses Kürzel KI verwenden, wenn wir von Künstlicher Intelligenz reden.

Schauen wir, was »KI« macht: Das Schachprogramm berechnet in Sekundenschnelle die Möglichkeiten, die sich aus dieser oder jener Spielvariante ergibt. Darin ist das Schachprogramm einfach besser als Gary Kasparows Kopf, weil der so schnell nicht zu rechnen vermag! Kein Wunder, dass Kasparows Analysen auf Dauer mängelbehaftet sind und gegenüber den Analysen des Programms ein Stück weit abfallen. Es war abzusehen, dass Kasparow irgendwann unterliegen musste. Nun mag ein Schachspiel eine hochkomplexe Angelegenheit sein, aber jeder Spielzug resultiert aus einer abzählbaren, endlichen Reihe von Spielzügen, auf die es wiederum abzählbare und in ihrer Anzahl endliche Spielzüge gibt. Sieger ist am Ende der, der diese abzählbare Endlichkeit rechentechnisch und algorithmisch besser beherrscht. Das ist im Zweifel das Programm, einfach weil das Programm weit mehr Rechenkapazität zur Verfügung hat als Gary Kasparow. Dafür kann Gary Kasparow bei Tisch kleckern, sich dafür entschuldigen und anschließend einen Purzelbaum schlagen. Das alles kriegt das Programm nicht hin, es käme nicht einmal auf die Idee, so etwas zu wollen. So viel noch zusätzlich zum »freien Willen«!

Die Grundannahme der KI lautet, dass menschliche Intelligenz das Ergebnis verschiedener Berechnungen ist. Dabei lässt sich die KI selbst auf verschiedene Weise erzeugen. Mittlerweile gibt es KI-Systeme, deren Hauptaufgabe darin besteht, Muster zu erkennen und infolgedessen entsprechende Handlungen auszuführen. Außerdem gibt es die sogenannten wissensbasierten KI-Systeme. Diese versuchen, anhand des in einer Datenbank gespeicherten Wissens Probleme zu lösen. Andere Systeme setzen wiederum Methoden aus der Wahrscheinlichkeitsrechnung ein, um auf gegebene Muster angemessen zu reagieren.[93]

Dazu passt das Programm, das die Schachweltmeister schlägt, ganz gut. Dazu passen Programme wie »Watson«, die Diagnose- und Behandlungsfehler vor allem in der Krebsbehandlung gering halten helfen, indem sie in kürzester Zeit hohe Mengen an Information aufnehmen und bearbeiten. Das Programm schlussfolgert statistisch, dass diese oder jene Diagnose die wahrscheinlichste ist. Viele Krankheiten sind von vornherein »statistisch« indiziert: Aus einer Anzahl gegebener Symptome sollte eine bestimmte Teilmenge, sagen wir zwei Drittel, vorliegen: Dann ist die Wahrscheinlichkeit hoch, dass die betreffende Krankheit angezeigt ist. Zum Beispiel ist der Morbus Parkinson eine solche »statistische Krankheit«.

Vorerst werden wir also dort mit künstlicher Intelligenz konfrontiert, wo es um statistische Berechnung von Gegebenheiten und Entwicklungen geht, wo Wahrscheinlichkeitsberechnungen diese oder jene Vorgehensweise begünstigen. Alles, was mit »Berechnung« zu tun hat – und das sind weite Gebiete unseres Alltags- und Berufslebens – ist nach jetzigem Stand der künstlichen Intelligenz zugänglich. Parallel zur Entdeckung »künstlicher Intelligenz« haben sich die »Berechnungswissenschaften« stürmisch entwickelt. Von den Rechenmeistern des Mittelalters und der frühen Neuzeit scheint der Weg zur modernen Mathematik weit. In der kirchlich

[93] Nico Litzel: Was ist Künstliche Intelligenz/Artificial Intelligence? – www.bigdata-insider.de/was-ist-kuenstliche-intelligez-artificial-intelligence-a-562354/ - Abruf am 10.07.2019.

dominierten Schulbildung war Mathematik kein Fach, das man wichtig nahm. Es war natürlich der wachsende Handel quer durch Europa, der die Entwicklung der Rechenkunst, der Mathematik vorantrieb. Mit anderen Worten, es war Geld im Spiel, viel Geld. Die künstliche Intelligenz tummelt sich auf den Kontinenten der Berechenbarkeit. Es geht um selbstgesteuerte Autos, militärisch einsetzbare Drohnen, High-Tech-Medizin und Strategiespiele. Es geht um Geld. Was bleibt übrig, wenn man alle Berechenbarkeit hinter sich lässt?

Zunächst darf man ja staunen, was alles eben doch »berechenbar« ist. Töne und Tonfolgen in feinsten Nuancen zum Beispiel: Die gesamte Musik- und Klangindustrie, *digitally remastered,* sorgt längst für ein Klangerlebnis, das dem der Schallplatte in nichts nachsteht. Letztere bietet exklusiv nur noch Knistern und Rauschen, wie gelegentlich gern gelästert wird[94].

Kehren wir kurz zum Schachspiel zurück. *Deep Blue* ist auf Dauer effizienter als jeder Schachweltmeister. Wenn es um ein Bigger, better, higher gehen soll, dann hat Künstliche Intelligenz allemal die Edelstahl-Nase vorn. Aber wenn schon vom Schachspiel die Rede ist, wo bleibt bei all der Effizienz das Vergnügen, das Spielerische eben? Hat Deep Blue hierfür ein Gespür? Hätte *Deep Blue* einen Sinn für elegante und ästhetische Spielzüge?

Ist also Empathie berechenbar? Kann man Maschinen bauen, die mit Deutungen, mit semantischen Nuancen, mit Einfühlung umzugehen wissen? Ich vermute, dass wir das, was wir jetzt als »Intelligenz« bezeichnen, demnächst als eine Art sachlicher Basiskompetenz betrachten werden, um auf jeder Ebene mit großen Datenmengen und an diese Daten gerichteten Fragen umzugehen. Hier ist »künstliche Intelligenz« eine willkommene Erweiterung.

Es gibt keine genaue Definition von »Intelligenz« wie das Internet einräumt. Ganz brauchbar erscheint mir die knappe Definition

---

94 Nichtsdestotrotz erlebt die Vinylplatte seit ein paar Jahren ein enormes Revival. Ein Großteil der jungen Generation an Musikern und Bands, die ohne Vinyl aufwuchsen, veröffentlichen ihre Musik nicht auf CD. Faszination des Unbekannten?

im PHILOSOPHISCHEN WÖRTERBUCH, das Intelligenz als »Fähigkeit des Findens, Erfindens und Sich-zurecht-Findens in neuen ungewohnten Lebenslagen aufgrund von Einsicht« definiert. Diese Definition begrenzt Intelligenz nicht auf wenige Gebiete oder gar nur eines, sondern fordert zumindest implizit, dass Intelligenz sich auf allen Gebieten zum Ausdruck bringen sollte, die sich ad hoc dem intelligenten Wesen anbieten. Das kann schwierig werden, aber Lösungen sind möglich. Sie hängen vom guten Willen der Beteiligten ab.

Nehmen wir den sprichwörtlichen Lukanga Mukara[95] aus Afrika, der sich auf das Oktoberfest verirrt. Er kann dort einem gutherzigen Bajuwaren begegnen, der die nicht ganz leere Schnittmenge beiderseitiger Englischkenntnisse einfühlsam zu nutzen weiß, der Angst und Verlegenheit, Staunen, Verwunderung und Kopfschütteln des Afrikaners angesichts zahlreicher Begebenheiten in Festzelten und Schaustellerbuden nicht persönlich nimmt und der den Fremdling schließlich fürsorglich bis in die Nähe seiner Unterkunft begleitet. Aber es kann auch anders ausgehen. Nicht alle Bajuwaren sind gutherzig veranlagt, und manch einer nimmt die unbeabsichtigten Nebenwirkungen indigener Reaktionen aufs Oktoberfest eben doch sehr schnell persönlich. Das kann für den Mann aus Afrika blutig bis tödlich enden. Wie reagiert man(n) als Mann aus

---

[95] Beginnen wir anstelle des Originals Lukanga Mukara mit der »Durchschrift«: Der Papalagi, geschrieben vom damals grün angehauchten, später braunen Erich Scheurmann, nimmt den (fiktiven) indigenen Standpunkt in der Zivilisationskritik am Abendland ein: Erich Scheurmann; Der Papalagi. Die Reden des Südseehäuptlings Tuiavii aus Tiavea. 1920 u. ö. – 1912/1913 erschienen aus der Feder des Pazifisten Hans Paasche in Fortsetzungen die »Briefe des Negers Lukanga Mukara«. Hans Paasche wurde 1920 wegen seiner Gesinnung ermordet; 1921 erschienen die »Briefe« in Buchform unter dem Titel »Die Forschungsreise des Afrikaners Lukanga Mukara ins innerste Deutschland« (vgl. auch https://de.wikipedia.org/wiki/Hans_Paasche - Abruf am 14. Juli 2019). Ob Scheurmann plagiiert hat, lassen wir im Zeitalter hingetürkter Doktorarbeiten und gefälschter akademischer Titel bei Politikern unkommentiert (und es ist ja auch für das Argument hier unerheblich). Mir kommt der Lukanga Mukara allerdings authentischer vor.

Afrika hier intelligent? Sofort die Flucht anzutreten untersagt einem zwar das Minimum an Anstand (das der Afrikaner kennt und das der Bajuware einfordert), aber das wäre dennoch das Gescheiteste, wenn auch vielleicht nicht das Intelligenteste. Das Problem ist, dass angetrunkene Bajuwaren auf dem Oktoberfest für intelligente Reaktionen nichts übrighaben, weil sie zwar als intelligent gelten, aber in Wahrheit gänzlich intelligenzfrei sind. Höflichkeit gilt als intelligente Reaktion, aber Höflichkeit hat noch keine gewaltbereite Faust am Zuschlagen gehindert. Mitgefühl und Verständnis sind äußerst empathische und damit hochintelligente Reaktionen, aber die gehen im Hohngelächter der Schläger über die Blödheit der Weicheier unter. – Was soll man als ordentlicher Afrikaner in so einer Situation intelligenterweise machen? Die Hautfarbe wechseln? Sich bei ausreichendem Kampfgewicht auf die Schlägerei einlassen und Ärger mit der Polizei riskieren? Das Ganze nicht einmal mit der Beißzange anfassen, sondern weiträumig umfahren? Kunststück, wenn man schon mittendrin ist!

Wie würde Künstliche Intelligenz reagieren? Man stellt sich irgendeinen Roboter-Alien vor, der gleich zu Beginn der Schlägerei seine Tarnung als Lukanga Mukara abwirft und sich in seiner ganzen stählernen Fremdheit und Unbesiegbarkeit zeigt. Sieh an, hier geht es auch nur noch mit Gewalt weiter. Immerhin, bewusst und gezielt für Überraschungseffekte sorgen, das könnte sogar bekennende Intelligenzfreie verblüffen.

Was ich mit all dem sagen will: Es gibt diejenige Intelligenz, die um irgendeines Schneller, Höher, Weiter willen eingesetzt wird. Hier wurde mit Erfolg künstliche Intelligenz entwickelt und angewandt. Hier ist die Logik eindeutig: Der Erfolg misst sich daran, dass ein Ziel schneller erreicht wird, dass ein besseres Resultat erzielt wird. Es gibt ein Maximum oder Optimum, das nach momentanem Stand erreicht bzw. übertroffen werden kann. Das ist zwar toll und großartig, aber es ist nicht wirklich überraschend.[96]

---

[96] Intelligenz ist, wenn man eine neue, bis dahin nicht bekannte Perspektive auf ein Problem und dessen Lösung erarbeitet und anwendet. Das kann dann doch

Ganz anders in sozialen und therapeutischen Situationen. Hier gibt es viele Lösungsmöglichkeiten. Versuchen wir es mit systemsprengender Empathie als intelligente Reaktion: Es ist damit an der Zeit für eine Erzählung vom unvergleichlichen Mullah Nasruddin:

> Der Mullah stellt sich auf den Marktplatz und ruft: »Leute, kaut Fischaugen! Wer Fischaugen kaut, wird klüger! Leute, kaut Fischaugen! Nur zwölf Lewonzen das Stück!« Tatsächlich kauft jemand dem Mullah für diesen unerhörten Preis von zwölf Lewonzen ein Fischauge ab, stellt sich neben den Mullah und fängt an zu kauen. »Mullah«, so lässt sich der Kunde nach Kurzem vernehmen, »Du bist doch ein elender Betrüger! Ich zahle hier zwölf Lewonzen für ein Fischauge, und da drüben gibt es den ganzen Fisch für zwei Parale!« – »Siehst Du«, entgegnet der Mullah, »es wirkt schon!«

So etwas muss einem erst einmal einfallen! Ob selbst eine Maschine, die imstande ist, den Schachweltmeister im Schach zu schlagen, auf die Lösung des Mullahs kommt, steht dahin. Ich bezweifle das. Künstliche Intelligenz bleibt innerhalb des Systems, soll und kann nicht jenseits der Systemgrenzen nach Lösungen suchen. Die Fischaugen-Geschichte vom Mullah Nasruddin hingegen lebt gleich mehrfach vom Bruch der Systemgrenzen. Schon der erste Satz der Geschichte ist völlig absurd und siedelt gänzlich jenseits seriösen Geschäftsgebarens. Dicker kann man ja die Quacksalberei gar nicht auftragen, wer wird denn so bescheuert sein?

Einer *ist* aber so bescheuert, man sollte es nicht für möglich halten. Der Mullah kommt doch tatsächlich damit durch – doch halt, stopp! Der Kunde durchschaut den Betrug und legt den Finger auf den eklatanten, durch nichts gerechtfertigten Preiswucher. Das System hat gesiegt, jetzt ist mindestens ein Geld-zurück-Angebot fällig, am besten mit dem unmittelbar folgenden Abmarsch des Mullahs

---

überraschend geraten. Dazu passt die Anekdote vom kleinen Carl Friedrich Gauß in der Volksschule, dem der Lehrer den kompliziert scheinenden Auftrag gibt, die Zahlen von 1 bis 100 zu addieren. Aus diesem Jungen soll später einer der größten deutschen Mathematiker werden. Der Junge weiß sich zu helfen: Er bildet 50 Paare zu jeweils 101 (1 + 100, 2 + 99, 3 + 98 …. 49 + 52, 50 + 51) und präsentiert nach wenigen Minuten das korrekte Ergebnis: 5050.

in die Versenkung. Das System hat gesiegt – aber nur für einen Augenblick. Denn die Entgegnung des Mullahs ist der systemsprengende Blattschuss. Quacksalberei? Wucher? Aber sicher doch: *Siehst Du, es wirkt schon!*

Das geht nur mit Empathie. Der Mullah spürt und weiß genau, was gerade in seinem Kunden vorgeht. Der Kunde hingegen endet bei sich und seinem Geldbeutel. Intelligenzsteigerung? Der Kunde kann Fischaugen kauen, bis ihm schwarz wird vor Augen! Wir ziehen den Schluss: Das empathischere System ist das erfolgreichere System. Empathie ist die systemsprengende Kraft. Und vielleicht noch: Intelligenz als bloßes technisches Verfügungswissen ist eine zur Vermeidung von Dämlichkeit notwendige, aber nicht schon hinreichende Bedingung.

Was hat die Astrologie in Sachen Künstlicher Intelligenz zu erwarten? Erstens, was astrologische Deutung und Prognose selbst angeht: Ein Horoskop ist in gewisser Weise wie eine Partie Schach. Pointiert gesprochen, man kann beim Schach alle und beim Horoskop *fast* alle Eventualitäten durchrechnen. Das stimmt so natürlich nicht. Aber es dürfte möglich sein, eine beträchtliche Masse von Deutungstexten allgemeiner und spezifischer Natur algorithmisch mit deutungstechnischen Gegebenheiten zu verknüpfen.

Deutungstexte allgemeiner Natur gehören zu demjenigen Arbeitsfeld, das Thomas Ring als »Hauptübungen« bezeichnet: Planet im Zeichen, Planet im Haus, Planeten in den fünf ptolemäischen Hauptaspekten zueinander konstelliert. Eine vierte Hauptübung kommt, wie oben schon erwähnt, hinzu: Planet als Herr eines Hauses im selben oder einem anderen Haus. Spezifische Deutungstexte sind Aphorismen, die für das Vorliegen von Einzelkonstellationen gelten. Die indische Astrologie hat derartige Aphorismen in großer Anzahl zusammengestellt. Ein Beispiel aus dem indischen TEXT BOOK OF SCIENTIFIC ASTROLOGY:

> The Lord of the 2nd house, one of the chief factors in judging earning capacity and material prosperity when in good aspect to Jupiter, the General Governor of money, denotes much good luck and material prosperity. – *Der*

Herr von 2, einer der Hauptfaktoren für die Beurteilung der Fähigkeit zum Geldverdienen und des materiellen Wohlergehens, sofern günstig mit Jupiter gestellt, den Hauptregenten von Geld, verweist auf sehr großes Glück und auf materielle Blüte (eigene Übersetzung).[97]

Zweitens, es darf gefragt werden, ob die klassischen Felder der astrologischen Analyse und Prognose nicht inzwischen über nichtastrologische Methoden abgedeckt werden können. Diese klassischen Felder sind Persönlichkeit, Umgang mit Ressourcen und Finanzen, Bildungsinteressen, Herkunft und Familie, Selbstdarstellung, Kreativität, pädagogische Orientierungen, Begabungen, Berufung und Beruf, Alltagsbewältigung, Partnerschaft, Gesundheit und Krankheit, Grenzgebiete des Lebens, Umgang mit dem Tod, Langlebigkeit, Spiritualität, Umgang mit Gesinnungsgemeinschaften und in Gruppen.

Nichtastrologische Methoden könnten aus der Soziologie resultieren, aber auch aus Medizin, Psychiatrie bzw. Psychologie und Therapie. Konflikte mit dem Datenschutz wären vorprogrammiert, aber das steht auf einem anderen Blatt. Das Faszinierende an der Individualastrologie ist, dass man aus einem einzigen Horoskop ein individuelles Lebenspanorama des Geborenen erschließen kann. Wollte man das Horoskop durch eine künstlich-intelligente Maschine ersetzen, so müsste diese Maschine über einige sehr große und gut gefüllte Informations- und Datenspeicher verfügen. Vorstellbar ist ohne Weiteres, dass eine medizinische Einschätzung und Prognose an einem Probanden einer rein medizinastrologischen Analyse um Längen voraus ist. Auf vielen anderen Deutungsfeldern der Individualastrologie bin ich mir jedoch sehr viel weniger sicher.

Das Schachspiel ist eine sehr kleine und durch und durch artifizielle Welt. Unter den Voraussetzungen dieser Welt ist ein Programm wie Deep Blue in der Lage, auch den Schachweltmeister zu besiegen. Sobald die Welt größer wird, komplexer, nicht mehr nur

---

[97] Dr. Bh. S. Rao: A Text Book of Scientific Astrology (Occidental and Oriental). New Delhi o. J.

in Ja oder Nein zu unterteilen, sobald es um komplexe Qualitäten anstelle linearer Quantitäten geht, stehen Beweise für eine Überlegenheit der Künstlichen Intelligenz noch aus. Das Individualhoroskop ist Spiegel einer ganzen Welt mit hochkomplexen, individuellen Qualitäten.

Wer sich genügend lange mit einem Erkenntnisweg der Menschenkunde auseinandersetzt und diesen Weg immer wieder erprobt, sich immer wieder der Spannung aussetzt, die sich zwangsläufig zwischen dem Erkenntnisweg und den lebenden Modellen regelmäßig auftut, der entwickelt mit der Zeit eine Art von Sechstem Sinn. Das gilt auch für den Astrologen, der immer wieder Horoskope deutet und immer wieder den lebendigen Horoskopeigner mit dem abstrakten Bild des Horoskops vergleicht. Dieser Sechste Sinn ist nach meiner Überzeugung ein paranormales Phänomen. Dieses Phänomen ersetzt nicht die geduldige und gewissenhafte deutungstechnisch begründete Arbeit am Horoskop. Dieses Phänomen setzt diese Arbeit vielmehr voraus. Aber dann springt ein Erkenntnisfunke aus tiefer Empathie des deutenden Astrologen mit dem Horoskopeigner und seinem Horoskop hervor und erweitert blitzartig den Horizont des Astrologen um ein treffendes Bild, eine intuitiv goldrichtige Detaildeutung, eine tiefere Einsicht. Ich habe dergleichen als Deutender wie auch als Rat- und Aufschlusssuchender öfters erlebt. Mit Maschinen, mit künstlichen Intelligenzen habe ich das noch nicht erlebt. Ich rechne auch nicht mehr damit.

Exkurs: Maschine und Bewusstsein

Die Diskussion um die künstliche Intelligenz ist vorerst sehr spekulativ. Ein besonderes Feld der Spekulation ist die Frage, ob Maschinen, die mit ausreichend (künstlicher) Intelligenz begabt sind, irgendwann automatisch so etwas wie ein Bewusstsein allgemein und ihrer selbst entwickeln.

Vergegenwärtigen wir uns noch einmal die Definition künstlicher Intelligenz! »Künstliche Intelligenz liegt dann vor, wenn Maschinen Dinge tun, für deren Ausführung man beim Menschen

Intelligenz unterstellt.« Das ist eine schöne und leider recht schwammige Definition. Es gibt keinen fest umrissenen Begriff von Intelligenz, es gibt darum auch keinen fest umrissenen Begriff von künstlicher Intelligenz. Letztlich bleibt alles eine Frage der individuellen Einschätzung, des persönlichen Für-möglich-Haltens. Im Grunde muss man einräumen, dass in der belebten Welt nichts ohne erkennbar intelligente Impulse geschieht. Ebenso zolle ich dem Computer, an dem ich gerade sitze und schreibe, höchsten Respekt vor einer ganzen Reihe an eindeutig intelligenten Leistungen. Sie sind zwar Stück für Stück vom Menschen erfunden und programmiert, und der Computer folgt wahrscheinlich blind einem Programm. Aber jede einzelne Leistung übersteigt dennoch bei Weitem meinen eigenen Horizont; jede einzelne Leistung führt dazu, dass meine eigene Leistung, die Abfassung und Niederschrift des vorliegenden Textes, optimiert wird und besser gelingt.

Der Begriff der »künstlichen Intelligenz« wurde in den 50er-Jahren des 20. Jahrhunderts geprägt. Aus den 50er-Jahren stammt auch der »Turing-Test« des britischen Mathematikers Alan Turing. Es handelt sich eher um eine Definition. Beim »Turing-Test« kommuniziert eine menschliche Versuchsperson über eine mechanische Vorrichtung mit einer Maschine und mit einem Menschen. Die Versuchsperson weiß nicht, in welcher Reihenfolge sie mit ihren »Gesprächspartnern« kommuniziert – zuerst mit der Maschine und dann mit dem Menschen oder umgekehrt. Es gibt keinen Sicht- oder Hörkontakt. Wenn die Testpersonen nach diesen Gesprächen nicht genau bestimmen können, ob ihr »Gesprächspartner« ein Mensch oder eine Maschine war, gilt die Maschine als intelligent. Nun stellen wir uns eine Testperson vor, die sich nach den beiden Gesprächen mit guten und aufrichtigen Gründen sicher ist, dass keiner der Gesprächspartner »intelligent« ist. Eine solche Einschätzung widerspricht nicht dem Testdesign. Die Testperson ist sich zwar in der Bestimmung unsicher, welcher Gesprächspartner der Mensch und welcher die Maschine ist, aber sie hat gute Gründe, die Intelligenz der beiden Gesprächspartner zu verneinen. Mit dem Testdesign aber soll gelten, dass in diesem Fall dennoch die

Maschine »intelligent« ist. Anders gesagt: Maschinen sind unter anderem dann »intelligent«, wenn ihnen Mangel an Intelligenz zugeschrieben wird, ein schlichtes logisches Paradox, das nach meiner bescheidenen Meinung den gesamten Turing-Test witzlos macht. Dieses Paradox lässt sich zwar vermeiden, wenn man als zusätzliche Bedingung im Testdesign festlegt, dass die Testpersonen keine Aussagen über die Intelligenz ihrer Gesprächspartner machen dürfen. Das Urteil über die Intelligenz der Gesprächspartner einer Testperson bliebe also dem Testleiter vorbehalten. Das ist jedoch nicht gerade zufriedenstellend.

Nehmen wir nun an, eine Testperson erklärt, sie könne nach Gesprächen mit A und B nicht eindeutig sagen, wer von den beiden Mensch und wer Maschine sei. Und nehmen wir an, dass B in diesem Fall die Maschine sei. Dann ist B gemäß Testdesign eine »intelligente« Maschine. A ist ohnehin ein »intelligenter« Mensch. Ist freilich B erst dann eine intelligente Maschine, wenn der Testleiter ausdrückliche Zuordnungen zu Protokoll gibt: A ist ein Mensch, B eine Maschine? Und was ist, wenn eine andere Testperson später mit denselben Partnern A und B spricht und eine korrekte Zuordnung leistet – A ist der Mensch, B ist die Maschine? Dann gilt, dass B mal eine intelligente Maschine ist, mal aber ein hundsgewöhnliches Blechradio. Das, Verzeihung, ist ein Fall von bloßer Meinungsbildung, nicht etwa ein Beweis. Vorerst läuft beim Turing-Test alles darauf hinaus, dass die Intelligenz von Maschinen von zwei Dingen abhängig gemacht wird:

1. davon wie intelligent sich die Testperson beim Vergleich zwischen Mensch und Maschine verhält;
2. davon wie intelligent sich im direkten Vergleich der jeweilige Mensch als Gesprächspartner der Testperson verhält.

Mit anderen Worten: Der Turing-Test testet die Intelligenz von Menschen im Umgang mit Maschinen.

Kritisch wurde schon früh zum Turing-Test vermerkt, dass der Test die Funktionalität von Menschen und Maschinen prüft, nicht aber deren Intentionalität und Fähigkeit zur Selbstreflexion.

Verfügen intelligente Maschinen über Empathie, haben wir oben gefragt. Haben hinreichend intelligente Maschinen ein Bewusstsein, lautet die Frage jetzt.

Es gibt darauf vorerst keine klare Antwort. Autos, Küchengeräte, Computer und viele sonstige Gegenstände scheinen nicht ganz selten zu eigenwilligen Aktionen und Reaktionen in der Lage zu sein. Aber diese Phänomene maschineller Eigenarten sind Indizien für die Möglichkeit, nicht schon für einen Beweis intentionaler und reflexiver Fähigkeiten von Maschinen. Die Belege für den Eigenwillen von Maschinen füllen inzwischen Bibliotheken.[98]

Da ist also tatsächlich etwas. Aber dieses Etwas verdichtet sich noch nicht zu einer qualitativen oder quantitativen Basis, auf der die Phänomene konsistent und wiederholbar sind. Die kritische Masse ist noch nicht erreicht. Vorerst sieht es so aus, als bauten die Menschen die entsprechenden Maschinen noch nicht in genügender Anzahl und/oder nicht in ausreichender Qualität.

Der bekannte spirituelle Lebenslehrer K. O. Schmidt schrieb 1971 zum Thema Mensch und Roboter:

> In der Fähigkeit logischen Denkens, Schließens und Entscheidens übertreffen die Roboter den Menschen heute schon an Schnelligkeit, Exaktheit, Zuverlässigkeit und Unermüdbarkeit. Sie können sprachähnliche Impulse bzw. Informationen empfangen, gedächtnismäßig speichern, vergleichen, verarbeiten, selbständig urteilen und entscheiden und vieles andere mehr. Nur über sich selbst nachdenken, schöpferisch denken und wirken wie der Mensch können sie nicht. Und wenn es, in hundert Jahren, »Roboterpsychologen« gibt, handelt es sich nicht um eine neue Art Psychiater, sondern um Logistiker, die Fehlschaltungen und Störungen in den elektronischen oder »positronischen« Robotgehirnen fest- und abstellen. Auch der höchstentwickelte Roboter vermag, als Menschenwerk, weder den menschlichen Geist noch das Gehirn zu ersetzen oder gar zu überflügeln. Das menschliche Gehirn ist und bleibt weiterhin die jeweils vollendetste selbsttätige elektro-

---

[98] Hier nur ein Buchhinweis: Lyall Watson: Das geheime Leben der Dinge. Warum Computer und Autos ein Eigenleben führen. Amerang 2013.

chemische Informations-Verarbeitungseinrichtung, die die Leistungen aller Computer und Roboter der Welt heute und – infolge seiner ständigen Weiterentwicklung – auch in Zukunft tausendfach übersteigt. Dies unter anderem deshalb, weil schon jede einzelne der 12 Milliarden grauen Zellen des Gehirns ein weit komplizierteres Gebilde ist als ein Computer, und weil jede graue Zelle mit den anderen durch unzählige automatische Schaltverbindungen (Synapsen) so genial verbunden ist, dass die Zahl der dadurch erzielbaren Leistungen sich in geometrischer Reihe vervielfacht.[99]

Ein ernstes Hindernis für die innere emotionale Akzeptanz der Astrologie dürfte, wie an anderer Stelle der vorliegenden Arbeit erörtert, sein, dass sich kaum ein Wissenschaftler vorstellen kann, wie denn eine weitgehend tote Maschine, als die sich ihm das Sonnensystem darstellt, zugleich ein lebendiges Deutungsmodell für das Geschehen auf dem dritten Planeten dieser Maschine abgeben soll. Seltsam: So schwer es der wissenschaftlichen Community fällt, am Himmel Lebendigkeit und Bewusstheit zu erkennen, so leicht fällt es ihr offenbar, an die Lebendigkeit und Bewusstheit von Maschinen zu glauben, wenn diese ein gewisses Maß an Komplexität erreicht haben.

Ich habe mir das Vergnügen gegönnt, mit *Cleverbot* zu kommunizieren. Dazu im Einzelnen: Cleverbot ist eine Maschine, »die durch Kommunikation mit Menschen erlernt, menschliche Unterhaltungen nachzuahmen. Das Programm wurde vom britischen Informatiker Rollo Carpenter entwickelt … Nach seiner Erfindung im Jahr 1988 hielt Cleverbot im ersten Jahrzehnt Tausende Unterhaltungen mit Carpenter und seinen Kollegen. Seit der Veröffentlichung im Web am 30. November 1997 wurden mehr als 65 Millionen Unterhaltungen mit Cleverbot geführt.

Cleverbot ist eine lernende und sich unterhaltende künstliche Intelligenz, die zusammen mit wahren Personen an einem formellen Turing-Test beim *Techniche* Festival 2011 an dem indischen *Institut*

99 K. O. Schmidt: Der kosmische Weg der Menschheit im Wassermann-Zeitalter. Ergolding 1990 (zuerst 1971), S. 50 f.

IIT Guwahati am 3. September teilnahm. Die Ergebnisse aus 1334 Stimmen wurden am 4. September bekannt gegeben. Cleverbot wurde zu 59,3 % als menschlich erklärt, was alle Erwartungen übertraf. Menschliche Konkurrenten erzielten 63,3 %. … »Nach der Texteingabe des Users (werden) vorherige Sätze aus der Datenbank von früheren Unterhaltungen von einem Algorithmus bestimmt. Es wird behauptet, dass eine Unterhaltung mit Cleverbot ein klein wenig so ist, als würde man sich mit der gesamten Gemeinschaft des Internets unterhalten.«[100] Schauen wir, wie Cleverbot auf Schubert-Weller (CSW) einsteigt:[101]

CSW: Hello, is there anybody at home?
Cleverbot: Come on now. I hear you're feeling down.
CSW: Not really down, it's the usual mess when checking which way this program works.
Cleverbot: Relax, I need some information first. Just the basic facts. Can you show me where it hurts?
CSW: Thank you! – Well, it doesn't hurt. I only was hesitating. First I tried to talk to you by microphone, in German, in English, and then tried to write ... works well!
Cleverbot: There is no pain, you are receding.
CSW: No pain, thank you!
Cleverbot: I have become comfortably numb.
CSW: What do you mean?
Cleverbot: Out here in the fields.

Dieser Dialog ließ mich gleich fragen, ob ich auch nur ansatzweise verstanden wurde. Auf die Frage, ob jemand daheim sei, unterstellte die Maschine, ich würde mich schlecht fühlen. Soll ich eingeschüchtert werden? Behauptet da ein selbsternannter Therapeut, er wisse, wie ich mich fühle? Ich korrigiere das mir unterstellte Gefühl, doch geht die Maschine gar nicht auf diese Korrektur ein,

---

[100] Vgl. https://de.wikipedia.org/wiki/Cleverbot - Abruf am 18. Juli 2019.

[101] Das Gespräch fand statt über www.cleverbot.com am 15. Juli 2019, etwa 12.00 Uhr.

sondern fragt mich, wo es wehtue. Auf meinen Einwand hin, dass mir nichts wehtut, erklärt mir die Maschine, dass ich auf dem Weg der Besserung sei, um sich dann selbst als »angenehm betäubt« zu bezeichnen. Ziemlich bekifft und gar nicht empathisch, würde ich diagnostizieren, auch wenn manches empathisch »klingt«. Sehr konsistent ist das nicht, der Text wirkt eher zufällig, in sich wenig schlüssig.

Wenn ich es richtig verstanden habe, würden auch nach diesem Dialog rund 60% der Zuhörer oder Mitleser dafür votieren, dass Cleverbot menschlich sei, jedenfalls, wenn wir das Abstimmungsverhalten der Teilnehmer beim indischen *Techniche* Festival 2011 voraussetzen. Sind menschliche Dialoge zu 60% so wie dieser Dialog mit Cleverbot? Da hätte der Mensch noch manches zu lernen! Oder andersherum: Mit ein paar empathisch klingenden Sätzen, die nicht wirklich empathisch sind, kann auch ein durchschnittlich seelenkluger Mensch recht schnell hinters Licht geführt werden. Achtsamkeit und Authentizität wären hier Lernziele für die beteiligten natürlichen Intelligenzen.

Daniel Kehlmann, bedeutender zeitgenössischer Erzähler, berichtet von ähnlich irritierenden Begegnungen mit dem Programm CTRL: »Wo immer ich möchte, kann ich CTRL rufen wie einen Geist aus der Flasche. … Immer wieder fühle ich den Impuls, CTRLs Beiträge zu lektorieren oder die meinen nachträglich zu verändern, damit sie besser in den Fluss der Geschichte passen, aber in diesem Zusammenhang wäre beides unsinnig.« Kehlmann schlussfolgert: »CTRLs große Schwäche ist … narrative Konsistenz. Erzählen, das heißt vorausplanen – oder mehr noch: Es heißt, einen inneren Zusammenhang schaffen, der alle Sätze, Absätze und Wendungen durchzieht. Genau das kann CTRL nicht, per definitionem. CTRL sucht nach der wahrscheinlichsten Wendung, aber nicht des Plots, sondern der Sprache.«[102]

Die aktuelle Darstellung von künstlicher Intelligenz erstreckt

---

[102] Daniel Kehlmann: Mein Algorithmus und ich. Stuttgarter Zukunftsrede. Stuttgart/Hamburg 2021, S. 35 f.

sich mittlerweile auf die Frage, ob aus hinreichend komplexer künstlicher Intelligenz auch »künstliches Bewusstsein« resultiert: »Menschen und viele nichtmenschliche Tiere haben phänomenales Bewusstsein – es fühlt sich subjektiv-innerlich in bestimmter Weise an, ein Mensch oder ein nichtmenschliches Tier zu sein. Sie haben Sinneseindrücke, ein (rudimentäres oder ausgeprägtes) Ich-Gefühl, empfinden Schmerzen bei körperlicher Schädigung und können psychisches Leid oder Freude verspüren (vgl. etwa die Depressionsstudien bei Mäusen). Kurzum, sie sind *empfindungsfähige* Wesen. Dies hat zur Folge, dass sie in einem für sie selbst relevanten Sinn *geschädigt* werden können. Im KI-Kontext stellt sich dazu die Frage: Kann es auch Maschinen geben, deren materiell-funktionale Struktur ein leidvolles »Innenleben« realisieren kann? Für den Leidbegriff liefert der Philosoph und Kognitionswissenschaftler Thomas Metzinger vier Kriterien, die bei Maschinen entsprechend auch erfüllt sein müssten:

1. Bewusstsein.
2. Ein phänomenales Selbstmodell.
3. Die Fähigkeit zur Darstellung negativer Valenzen (d.h. verletzter subjektiver Präferenzen) innerhalb des Selbstmodells.
4. Transparenz (d.h. Wahrgenommenes fühlt sich unwiderruflich »real« an – das System ist also gezwungen, sich mit dem Inhalt seines bewussten Selbstmodells zu identifizieren).

Zunächst muss man fragen, ob Maschinen überhaupt Bewusstsein (und damit auch Leidensfähigkeit) entwickeln können. Die derzeitige Forschung zu künstlicher Intelligenz bejaht überwiegend diese Annahme. Zumindest wird überwiegend akzeptiert, dass Maschinenbewusstsein in *neuromorphen* Computern möglich ist, solchen also, deren Hardware funktional dem biologischen Gehirn entspricht.

Induktiv wird also vom Resultat »künstlicher Intelligenz« auf die Existenz einer individuellen Größe geschlossen, die als Bewusstsein bezeichnet wird. Dieses wiederum sollte sich hirnanaloger Strukturen bedienen, wenn es begreiflich sein soll. Was aber ist Bewusstsein? Ist

Bewusstsein ein Ahnen und Fühlen vom eigenen Dasein und Sosein? Ist Bewusstsein ein Wissen um die eigene Stellung in der Welt? Und wie kommt Bewusstsein ins Hirn? Ist Bewusstsein überhaupt eine Angelegenheit von Individuen? Produziert unser individuelles Hirn so etwas wie ein Bewusstseinsrinnsal, das in Gruppen allmählich zum Bach, in einer gut vernetzten Bevölkerung dann zum Strom und in der gesamten Menschheit schließlich zum weltweiten Meer wird? Haben wir untereinander Anteil an unseren jeweiligen »Bewusstsein«? Ist die Erfüllung von Aufgaben auf jeweiligem technischem Feld ausreichend für ein sich bildendes Bewusstsein? Ist das ein Automatismus? Oder hängt das von einer Höhen-Messung erworbener maschineller Fertigkeiten ab?

Noch mal nachgefragt: Produzieren wir »Bewusstsein«? Ich vermute, die Frage ist von vornherein falsch gestellt. Nur so viel als Antwort: Ich kann mich nicht erinnern, jemals »Bewusstsein« gebildet, produziert und abgesondert zu haben. Aber in klaren Momenten meines Daseins, wenn eine tiefe Einsicht in Welt und Mensch in mir aufkam, hatte ich zugleich innigen Anteil an etwas, das ich als überwältigend schön und erhebend erlebte und das ich als Großes Bewusstsein bezeichnen möchte. Es war da, bevor ich innigen Anteil erhielt, und es würde auch hernach da sein. Und es gewährte mir tiefe Geborgenheit und Freude.

Zur Frage des Bewusstseins nimmt auch Daniel Kehlmann Stellung: »CTRL kam mir niemals auch nur für einen Moment bewusst vor. In keinem Augenblick hatte ich den geringsten Zweifel daran, dass CTRL weder etwas fühlte, noch dachte, noch wollte. CTRL hat kein Innen. Es ist nicht irgendwie, CTRL zu sein. Und dennoch, auch daran konnte ich keinen Augenblick zweifeln, war CTRL intelligent. Aber es war eine seltsame, eine kalte, eine fremde Intelligenz, mit der keine Verständigung in irgendeinem profunden Wortsinn möglich war.«[103]

---

[103] Kehlmann 2021, S. 44.

7.7. Wir sind Utopia: Die Bildung eines Superorganismus

Das Wassermannzeitalter ist oberflächlich betrachtet ein Zeitalter des extremen Individualismus. Jeder Mensch ist einmalig, und jeder fühlt sich auch so. Und jeder fordert darum gesonderten und höchst anspruchsvollen Respekt vom Rest der Welt. Andererseits steht das Wassermannzeitalter im Zeichen der Wahl- und Weltverwandtschaft – »Alle Menschen werden Brüder!« Könnte es sein, dass der extreme Individualismus so etwas wie eine Kinderkrankheit des Wassermannzeitalters ist? Könnte es sein, dass ein Ziel des Wassermann-Äons ganz im Gegenteil die enge und schließlich innige Vernetzung von Individuen ist, welche ihren Individualismus als Dienst, als Geschenk an das Menschheitskollektiv darbringen?

Ich halte die Bildung eines »Superorganismus« durch fortwährend dichter werdende Vernetzung für möglich. Der »Turmbau zu Babel« ist ein Mythos, der diesen »Superorganismus«, wo »alle Welt eine einzige Sprache« (Gen. 11) hatte, vorwegnimmt. Interessanterweise ist es gerade der schöpferische Umgang mit Sprache und Kommunikation, der die Bildung dieses Superorganismus vorantreibt. Die Erfindung der Schrift, die Erfindung des Lesens, insbesondere in seiner Spielart als Mittel zur individuellen Wissensaneignung, Bildung und Unterhaltung seit dem 18. Jahrhundert, die Erfindung des Buchdrucks, die Erfindung des Internets schließlich – dies bedeutet erweiterten Umgang mit Sprache, der zugleich bewusstseinsverändernd und bewusstseinserweiternd wirkt.

Die Bildung dieses Superorganismus fördert zwangsläufig die Entwicklung eines transpersonalen, geistig orientierten, spirituellen Bewusstseins. Offenbar ist hier bereits eine Ebene erreicht, auf der Bilder und Informationen unmittelbar verändernd und heilend wirksam werden. Dies legen die Entwicklungen im therapeutischen Bereich, aber auch in der spirituellen Medizin (»Heilung durch Information«) nahe. Wir wissen nicht, wie weit der Prozess einer Vernetzung fortgeschritten ist und wo er endet. Wir ahnen freilich, dass da etwas Bedeutendes geschieht. Endet der Prozess in einer besseren Online-Vernetzung oder wird er bis zur biopsychischen, neuronalen Verknüpfung von im Wortsinne »ehemaligen Individuen« vorangetrieben? Dann wird es keine Privatsphäre mehr geben, keine verzeihlichen Notlügen mehr, aber auch keine unverzeihlichen Verbrechen mehr. In dem Augenblick, da der Mensch endgültig alle Schleier ablegen muss und gläsern wird, wird Überwachung lachhaft und überflüssig. Es ist an uns selbst, dafür zu sorgen, dass das Motiv des Superorganismus nicht zum Schreckbild eines Ameisenstaats verkommt, sondern begrüßenswertes spirituelles Entwicklungsziel wird.

8. Die Entwicklung der Astronomie

Astronomen können sich heute nur schwer vorstellen, dass luzide Geister wie Galileo Galilei oder Johannes Kepler neben ihren bahnbrechenden himmelsmechanischen und beobachtungsastronomischen Forschungen schlichte Horoskope gestellt und gedeutet haben. Diese Fakten werden gern verschwiegen oder glatt geleugnet. Ich kann die Kollegen von der Astronomie verstehen. Seit dem 17. Jahrhundert, nachdem Astronomie und Astrologie getrennte Wege gingen, hat sich die Astronomie mit überlichtgeschwindem Superantrieb entwickelt. Die Astrologie hingegen scheint spätestens seit der Entdeckung von Uranus 1781 nur noch mit Holzvergaser unterwegs zu sein. Es hat, und das ist kein Ruhmesblatt für die Astrologie, ungefähr einen kompletten Uranus-Umlauf gebraucht, bevor der neuentdeckte Uranus auch Astrologen ernsthaft zu interessieren begann. Wir ahnen bereits, dass es der gute alte Verbrennungsmotor nicht mehr allzu lange macht. Es fällt schwer, die Astrologie und ihre Modernitätsverweigerung ernst zu nehmen, vor so etwas muss man dann ja auch Leute wie Kepler und Galilei in Schutz nehmen.

Mit anderen Worten, es ist an der Zeit, mal über den Zaun zu gucken und bei den Kollegen von einst nachzuschauen, was sich zwischenzeitlich drüben so getan hat. Welche astronomischen Entdeckungen werden bereits von der Astrologie zur Kenntnis genommen und welche anderen könnten und sollten zur Kenntnis genommen und eventuell in die astrologische Deutung mit integriert werden? Dies betrifft vor allem:

- Die Erweiterung des Sonnensystems – Asteroiden, Kuipergürtel, weitere Planeten, Oortsche Wolke usw.
- Den Gedanken vom organischen Aufbau des Weltalls

Diese beiden Themenkreise erörtere ich im vorliegenden Kapitel. Eine wichtige Entdeckung ist außerdem die zyklische Aktivität der Sonne und überhaupt die Entdeckung von Zyklen in unserer Heimatgalaxis bzw. im Kosmos und ihre Auswirkungen auf Welt und Mensch. Hierauf gehe ich ausführlich im nächsten Kapitel ein.

8.1. Die Erweiterung des Sonnensystems

Die Astronomie hat seit dem ausgehenden 18. Jahrhundert eine beachtliche Reihe von Entdeckungen innerhalb unseres eigenen Sonnensystems gemacht. Die wichtigsten sind:

- Die transsaturnischen Planeten Uranus, Neptun und Pluto im Sonnensystem (1781; 1846; 1930). Diese wurden, teilweise jedoch erst nach längerem Zögern, auch in den Wissens- und Deutungskanon der Astrologie übernommen.
- Entdeckung des Asteroidengürtels zwischen den Umlaufbahnen von Mars und Jupiter (ca. 790.000 Objekte, schrittweise Entdeckung seit 1801). Einzelne Astrologen berücksichtigen einen, mehrere oder alle vier Hauptfaktoren des Asteroidengürtels – Ceres, Pallas, Juno und Vesta.
- Entdeckung des Kuipergürtels jenseits der Umlaufbahn von Neptun (1930: Entdeckung Plutos als singulärer Faktor; 1943 bzw. 1951 theoretische Vorwegnahme des Gesamtgürtels; schrittweise Entdeckung einzelner Kleinplaneten seit 1992. Bis jetzt sind rund 70.000 Objekte entdeckt.
- Entdeckung der Oortschen Wolke (seit 1932/1950 vermutet – schrittweise theoretische Absicherung, keine direkte Beobachtung möglich), die das Sonnensystem in großer Entfernung (ca. 1 Lichtjahr) umgibt. Aus der Oortschen Wolke stammen wahrscheinlich die langperiodischen Kometen.

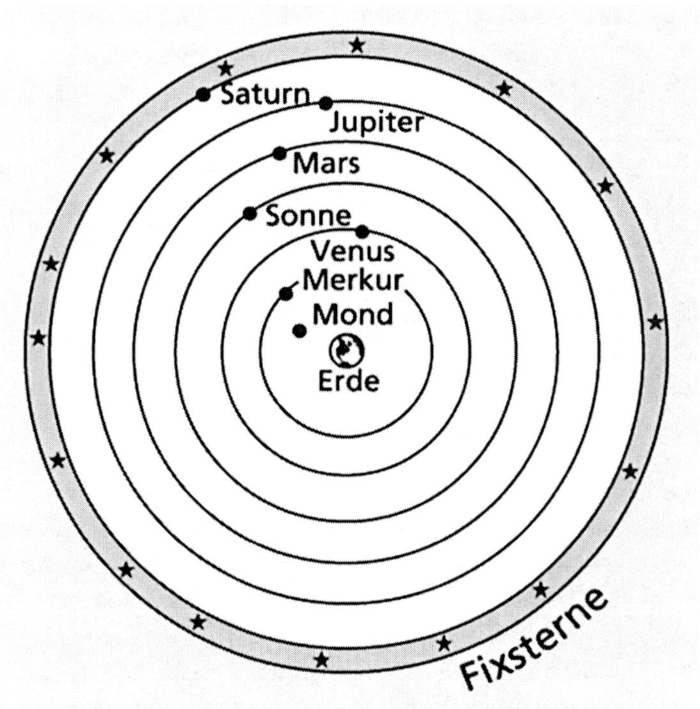

Abbildung 1: Das heliozentrische Sphärenmodell

Unser Bild vom Sonnensystem hat sich seit der Antike mehrfach gewandelt. Das Modell wurde verfeinert, als sich die Kopernikanische Wende vollzog und die Sonne in den Mittelpunkt der Betrachtung rückte. Das Sphärenmodell stellt eine einfache, harmonische, Ruhe ausstrahlende Bildkonstruktion dar. Das Atommodell der Kopenhagener Schule ist eigentlich eine etwas dynamischere, wildere Version des Sphärenmodells, das bei der Entwicklung des Atommodells Pate stand. Die Sonne entspricht dem Atomkern im Atommodell. Um diesen Kern kreisen die Elektronen wie Planeten. Dieses anschauliche Modell, 1913 entwickelt, prägt bis heute unsere Laienauffassung von dem, was ein Atom ist. Inzwischen finden wir mit dem Sonnensystem ein durch Planetenumläufe und Gürtel gegliedertes fast organisch anmutendes Gebilde.

Abbildung 2: Atommodell – Planetenmodell

Die Astrologie hat die schrittweise Erweiterung des alten »Sphärenmodells« akzeptiert (Einbezug transsaturnischer Planeten, Versuch einer individuellen Deutung der vier größten Faktoren im Asteroidengürtel, Versuch einer Deutung der größten Faktoren im Kuipergürtel).

Die Astrologie ignoriert bisher jedoch die »Gürtel« als Ganzes. Haben Asteroidengürtel und Kuipergürtel insgesamt eine besondere Bedeutung bzw. Entsprechung? Lassen sich die Gürtel gliedern, lassen sich Bedeutungen (Deutungen) für einzelne bzw. Gruppen von Faktoren erarbeiten? Markieren die Gürtel bestimmte »Bereiche«? Und was hat es mit der Oortschen Wolke auf sich, die eine Art von ferner Hülle des Solarsystems zu sein scheint?

Schauen wir uns das Sonnensystem in seiner jetzigen Gesamtheit an. Von innen (Sonne) her nach außen (Kuipergürtel, Oortsche Wolke) gedacht finden wir folgende Anordnung:

Sonne – Zentralgestirn des Sonnensystems. 99,86 % der Masse des gesamten Solarsystems machen die Sonne selbst aus! Entfernung zur Erde: 1 AE[104] = ungefähr 150 Mio. km.

---

[104] AE = Astronomische Einheit, 1 AE entspricht dem mittleren Abstand von Sonne und Erde, welcher 149,6 Millionen Kilometern entspricht.

Merkur – Terrestrischer Planet – große Bahnexzentrizität, Neigung von 7° zur Ekliptik, Entfernung Sonne: 59 Mio. km.

Venus – Terrestrischer Planet, erdnächster Planet, nahezu so groß wie die Erde. Entfernung von der Sonne 108 Mio. km

Erde – Terrestrischer Planet (plus Mond). Entfernung Erde zur Sonne 150 Mio, Km, Entfernung Erde zum Mond: 384.000 km.

Mars – Terrestrischer Planet (plus zwei Monde). Entfernung zur Sonne: 228 Mio. km.

Asteroidengürtel – Ring aus rund 790.000 Gesteinsbrocken, die insgesamt nur etwa 5 % der Masse des Erdmondes entsprechen. Man glaubte zunächst, dass die Asteroiden zwischen Mars und Jupiter die Überbleibsel einer kosmischen Katastrophe seien.[105] Heute geht man davon aus, dass der Asteroidengürtel einen Rest von Planetenbausteinen darstellt, die sich wegen der gravitativen Großwirkung von Jupiter nicht mehr zu einem Planeten ausformen konnten. Gruppen von Asteroiden, die gemeinsame Bahnelemente wie Länge der Halbachse, Bahnneigung oder Exzentrizität, teilen und eine ähnliche Zusammensetzung aufweisen, werden als Asteroidenfamilien bezeichnet. Die Familien entstanden durch die Kollision größerer Objekte und bestehen aus den resultierenden Fragmenten. Viele Planetoiden des Hauptgürtels lassen sich so in neun größere Gruppen einteilen, die jeweils nach dem zuerst entdeckten Vertreter benannt sind. Entfernung zur Sonne: 300 bis 510 Mio. km.

Jupiter – Gasplanet. Allein auf Jupiter und seine 81 Monde entfallen rund 70 % der Gesamt-Planetenmasse im Sonnensystem. Die Gravitationswirkung von Jupiter bindet und hält zugleich die Objekte des Asteroidengürtels. – Entfernung Sonne 778 Mio. km.

Saturn – Gasplanet. Auf Saturn und seine 82 Monde entfallen rund 20 % der Gesamt-Planetenmasse im Sonnensystem. – Entfernung Sonne 1427 Mio. km.

---

[105] Diese Annahme wurde aus esoterischen Kreisen gestützt (Neuoffenbarungen von und um Jakob Lorber), vgl. https://archive.org/details/LeopoldEngel-Mallona.DerUntergangDesAsteroiden-planeten/mode/2up

Uranus – Eisriese. Entfernung zur Sonne 2870 Mio. km

Neptun – Eisriese. Entfernung zur Sonne 4497 Mio. km.

Kuipergürtel – Der Kuipergürtel bewegt sich in der Ekliptik außerhalb der Neptun-Bahn. Einerseits gibt es die »Klassischen Objekte des Kuipergürtels« in einer mittleren Entfernung zur Sonne von 41–50 AE, andererseits die »Scattered Disc«-Objekte, die gestreuten Objekte im Kuipergürtel auf extrem elliptischen Bahnen zwischen 35 AE (Perihel-Distanz) und 2000 AE (Aphel-Distanz). Hinzu kommen »resonante« Objekte im Kuipergürtel, die in einem bestimmten Resonanzverhältnis zur Neptunbahn stehen (40 bzw. 48 AE). Ähnlich wie beim Asteroidengürtel gilt, dass die Objekte des Kuipergürtels aus der Zeit der Planetenbildung im Sonnensystem übriggeblieben sind. – Entfernung Pluto/Sonne 5946 Mio. Km.

Oortsche Wolke – Der Theorie nach umschließt die von Jan Oort angenommene »Wolke« die übrigen Zonen des Sonnensystems kugelschalenförmig in einem Abstand zur Sonne bis 100.000 AE (rund 1,6 Lichtjahre). Schätzungen der Anzahl der Objekte der Oortschen Wolke liegen zwischen einhundert Milliarden und einer Billion. Die Oortsche Wolke besteht nach heutiger Auffassung aus Gesteins-, Staub- und Eiskörpern unterschiedlicher Größe, die bei der Entstehung des Sonnensystems und dem Zusammenschluss zu Planeten übrig geblieben sind. Diese Reste wurden von Jupiter und den anderen großen Planeten in die äußeren Bereiche des Sonnensystems geschleudert. Durch den gravitativen Einfluss benachbarter Sterne wurden die Bahnen der Objekte mit der Zeit so gestört, dass sie heute nahezu gleichmäßig in einer Schale um die Sonne herum verteilt sind. Wegen der weit größeren Entfernung zu den Nachbarsternen sind die Objekte der Oortschen Wolke trotz ihres relativ großen Abstandes zur Sonne gravitativ an diese gebunden, also feste Bestandteile des Sonnensystems nach geläufiger Definition.

Es gibt noch weitere Asteroiden-Gruppen innerhalb des Kuipergürtels: Etwa zehn Prozent der bekannten Asteroiden laufen nicht auf Bahnen zwischen Mars und Jupiter. Innerhalb der Marsbahn bewegen sich die Amor-Typ, Apollo-Typ und Aten-Typ-Asteroiden. Auf den Bahnen der Planeten Mars, Jupiter und Neptun laufen Asteroiden um die Sonne, die als Trojaner bezeichnet werden. Zwischen Jupiter und Neptun umkreisen nur wenige Asteroiden die Sonne; diese werden als Zentauren bezeichnet. – Ein weiterer Asteroidengürtel, die Vulkanoiden, wird innerhalb der Merkurbahn für möglich gehalten. Das konnte aber bisher wegen der Sonnennähe nicht nachgewiesen oder widerlegt werden.

Als Astrologe, der in Bildern und Gestalten gern auch symbolische Anklänge vernimmt, halte ich es für gut denkbar, dass die Oortsche Wolke das Sonnensystem gewissermaßen wie eine Fruchtblase umhüllt. Die Oortsche Wolke mit ihren Hunderten von Milliarden Objekten führt dem Sonnensystem ständig neuen stellaren Rohstoff zu. Aus der Oortschen Wolke entstammen die langperiodischen Kometen. Die Oortsche Wolke dürfte aktive Schutzhülle und Schutzmembran sein. Sie geht vermutlich kontinuierlich in den Kuipergürtel über, dessen Objekte allerdings gegen die Ekliptik konzentriert sind. Das bedeutet einen Übergang vom Modell der Kugelschale zum Modell des mehr oder minder flachen Tellers nahe der Ekliptik-Ebene.

Beziehen wir die astrologische Perspektive mit ein, so zeigt sich die folgende organische Gliederung:

- Bereich Sonne bis Asteroidengürtel. Der Gürtel zwischen Mars und Jupiter kann dem Betrachter als Stadtmauer vorkommen, die eine Ansiedlung diverser Befähigungen bzw. Begabungen umschließt. Die Sonne verweist auf das grundsätzliche individuelle Anliegen. Sie ist Ursprung und Anfang des individuellen Geburtsbildes. Die weiteren Faktoren, Merkur, Venus, Mond (Erde) und Mars sind alle »terrestrisch«, sie wirken auf einer handfesten, materiellen Ebene ihrerseits handfest-materiell. Diese Faktoren stehen zugleich für einen Ausdruck der vier Elemente: Mars für Feuer, Venus für Erde, Merkur für Luft und der Mond für Wasser.

- Der Asteroidengürtel selbst scheint am ehesten eine Schutzfunktion zu haben, eventuell auch eine Nährfunktion (Jungfrau-Zuordnung). Die vier größten Objekte des Asteroidengürtels, Ceres, Juno, Pallas und Vesta werden überwiegend der Jungfrau zugeordnet. Juno, Pallas und Vesta gehören jeweils zu einer Asteroidenfamilie. Ceres gehört keiner Familie an. Was die Deutung von Faktoren bzw. Faktorengruppen (»Familien«) im Asteroidengürtel angeht, so ist vorerst nicht abzusehen, wohin eine Entwicklung tendieren könnte. Die Astrologen kleben mental sehr stark an der Arbeit mit Längenpositionen himmlischer Objekte. Ich nehme mich bei dieser mentalen Blockade keineswegs aus. Ist eine individuelle Kombination von Längenposition und Familienzugehörigkeit erkennbar bzw. konstruierbar? Und was würde eine solche Kombination bedeuten?
- Hinter dem Asteroidengürtel wird eine rein materielle Perspektive verlassen. Jupiter und Saturn sind sogenannte Gasriesen. Sie verleihen dem materiellen, organischen Leben den lebendigen Geist. Der 20 Jahre währende Zyklus von Jupiter und Saturn gibt der Menschheitsgeschichte einen gewissen Rhythmus vor. Jeder Zyklus lässt einen typischen »Zeitgeist« entstehen. Die Eisriesen Uranus und Neptun öffnen die Pforten zu spirituellen Bewusstseinsebenen. Das normale, vernunftgegründete Bewusstsein wird durch intuitive (Uranus) und hellfühlende (Neptun) Fähigkeiten ergänzt und vollendet. Jupiter, Saturn, Uranus und Neptun können wiederum den vier Elementen zugeordnet werden: Jupiter dem Feuer, Saturn der Erde, Uranus der Luft und Neptun dem Wasser.
- Im Kuipergürtel scheinen sich besondere Kräfte mit spiritueller Bedeutung zu manifestieren. Allen Objekten voran geht **Pluto**, dessen Wandlungspotenzial unausweichlich mit dem Thema des Todes verknüpft ist. »Wenn das Weizenkorn nicht in die Erde fällt und stirbt, kann es keine Frucht bringen« (Joh. 12, 24). Dieser Satz aus dem Johannesevangelium ist durch und durch plutonisch bzw. skorpionisch und trifft sehr genau

das Grundgefühl in den Objekten des Kuipergürtels. Nachfolgend Deutungsvorschläge für einzelne größere Objekte des Kuipergürtels nach Rolf Liefeld.[106] **Chaos** beschreibt Katastrophen, bei denen die Dinge außer Kontrolle geraten können; Chaos ist aber zugleich auch sehr schöpferisch. **Eris** bietet Potenzial zum Streiten, zur Zwietracht. Es geht dabei positiv auch um Wettstreit, um gesunden Ehrgeiz. **Haumea** ist vorwiegend schöpferisch wirksam, wobei schöpferische Arbeit zu einer Lebensaufgabe werden kann. **Varuna** wird mit »Eid«, Schwur« übersetzt, es geht um Aufrichtigkeit und Authentizität. **Huya** ist gradlinig, der Horoskopeigner lässt sich in den von Huya betroffenen Angelegenheiten nicht dreinreden und zeigt einen gewissen Drang, andere überzeugen zu wollen. **Sedna** zeigt traumatische seelische Erfahrungen an, gewissermaßen unvermeidbares Schicksal, bei dem es gilt, die jeweils mitgegebene Aufgabe anzunehmen. **Ixion** wird mit »Freiheit auf Bewährung« übersetzt, mit der Notwendigkeit, angesichts des Großmuts anderer und angesichts eigener Schuld Demut zu üben. **Salacia** weist auf intensive Beziehungen und Beziehungsdramen hin. **Makemake** zeigt ein schöpferisches tiefes Wunschdenken an. **Quaoar** verweist auf die Entstehung und die Erlösung von Karma. Bei **Orcus** geht es um Tod und Wiedergeburt, um Aufbruch und um die Durchlässigkeit der Grenzen zwischen Diesseits und Jenseits.

Das sind Deutungsversuche an ganz wenigen größeren Objekten aus dem Kuipergürtel. Astrologen tun das, was sie gewohnt sind – sie ermitteln die Längenpositionen der neuen Objekte, tragen diese ins Horoskop mit ein und stellen fest, ob eines dieser Objekte »stark« steht. Und dann fragen sie sich (und andere), was diese »starke Stellung« bedeutet. Es sind vorwiegend die an Masse relativ

---

[106] Rolf Liefeld ist im deutschsprachigen Raum der profilierteste astrologische Forscher zur möglichen Deutbarkeit von Objekten aus dem Kuipergürtel, vgl. seine website www.top-astro.de, dort auch die hier zusammengefassten Deutungsvorschläge.

größten Objekte, die auf diese Weise befragt und erforscht werden. Man konnte sich bei Pluto wundern, als man vom Kuipergürtel noch nichts wusste: Pluto ist im Vergleich zu den Gas- und Eisriesen winzig und wirkt doch außergewöhnlich intensiv. Mittlerweile weiß man einigermaßen verlässlich, dass Pluto an Masse wohl immer noch der größte Kleinplanet im Kuipergürtel ist.

Die Deutungen, die Rolf Liefeld anbietet, sind nicht allesamt »plutonisch-skorpionisch«. Sie sind jedoch tiefgängig, intensiv, mitunter Furcht und Schrecken auslösend. Als treffende Deutung zu Pluto empfand ich schon immer den Satz »Wer Pluto zum Freund hat, braucht keine Feinde mehr.« Die besondere spirituelle Bedeutung, die zumindest einige wenige, dafür aber die größten Objekte des Kuipergürtels haben könnten, hat mit dem Thema der Intensität und damit des Todes zu tun. »Stark wie der Tod ist die Liebe und Leidenschaft so unwiderstehlich wie das Totenreich« (Hoheslied 8, 6). Dazu passt, dass im französischen Sprachraum der Orgasmus auch als »der kleine Tod« bezeichnet wird.

Die Deutung weit entfernter Objekte unseres Sonnensystems scheint öfters etwas dramatisch auszufallen. Uranus als »höhere Oktave« des Merkur, Neptun als »höhere Oktave« der Venus, Pluto als »höhere Oktave« des Mars – in diesen bildhaften Umschreibungen werden uns Hierarchie und Drama des Solarsystems sinnfällig vor Augen geführt. Gleichzeitig lautet die unterschwellige Botschaft, dass man für durchschnittliche astrologische Zwecke auch ohne diese höheren Oktaven auskommt. Ähnlich kann das für die Deutungen von Objekten des Kuipergürtels geltend gemacht werden. – Und die acht hypothetischen Transneptunplaneten der »Hamburger Schule« lassen ähnliche Rückschlüsse zu: Ihr Eintrag in ein individuelles Horoskop wirft ein Licht auf die Intensität der wirkenden Kräfte, aber man könnte auch ohne diese Transneptun-Planeten hinlänglich gute Deutungen anfertigen.

Lassen sich diese Deutungen im Kuipergürtel den verschiedenen Objektklassen zuordnen, wie wir sie oben benannt haben – »klassische Objekte«, »gestreute Objekte« und »resonante Objekte«?

Bei über 70.000 Objekten im Kuipergürtel wird auch die

ambitionierteste Deutungsforschung schnell erlahmen. Bei den Gürteln zeigt sich, dass eine deutungsbezogene Einzelerfassung aller Objekte sinnlos ist. Man sieht ja schon jetzt den Wald vor lauter Bäumen nicht mehr. Man kann versuchen, die Gürtel als Ganzes zu verstehen, man kann versuchen, die von der Astronomie ermittelten Klassifizierungen auf die astrologische Deutung anzuwenden. Und man kann überlegen, ob man bei deutungstechnischen Zugängen eine Differenzierung vornimmt – so wie man zum Beispiel Fixsterne im Horoskop nur berücksichtigt, wenn sie in enger Konjunktion mit einem sonstigen Faktor im Horoskop stehen.

Alles in allem gilt, dass die »Gürtel« im Sonnensystem markante Grenzen und Einschnitte darstellen. Sie sind so markant, dass es seltsam wäre, wenn sie *keine* Bedeutung hätten. Aber ihre Funktion bleibt uns bis auf Weiteres verborgen. Sie sind vielleicht Membranen, die gleichermaßen Schutz und Durchlässigkeit sicherstellen und die auf solche Weise den lebendigen Organismus namens »Solarsystem« zu einer Ganzheit auf materieller, geistiger und spirituell-transzendenter Ebene fügen.

8.2. Der organische Aufbau des Weltalls und das Problem der astrologischen Theoriebildung

Ich wiederhole mich: Es ist in der Tat ein empfindlicher Mangel, dass die Astrologie zwar funktioniert und dass sie auch anzugeben vermag, wie sie funktioniert, dass sie aber nicht anzugeben vermag, warum sie funktioniert. Über die Möglichkeiten und Grenzen astrologischer Theoriebildung habe ich anderenorts[107] nachgedacht. Hier möchte ich noch einmal auf die zwei Überzeugungen, die zwei Denkfiguren eingehen, die meines Erachtens einer unbelasteten Theoriebildung im Weg stehen. Ich hatte ausführlich schon im Kap. 3 davon gesprochen. Ich vermeide hier mit Absicht den Begriff des Arguments:

---

[107] Schubert-Weller 2011, darin vor allem »Versuch zu einer einheitlichen Theorie der Astrologie«, S. 128 ff.

1. Wir sind davon überzeugt, dass das Weltall und mit ihm unsere Heimatgalaxie und unser Sonnensystem eine Ansammlung toter Materie ist. Es ist uns bis auf Weiteres unmöglich, zum Beispiel vom Sonnensystem als einem Lebewesen zu denken, das seinerseits Lebewesen und lebendige Ausdrucksformen hervorbringt. Wir starren wie hypnotisiert auf die Bedingungen von Sternen und Planeten, die dem organischen Leben, wie wir es von unserem Planeten her kennen, den schnellen Garaus machen.
2. Wir können uns nicht vorstellen, dass diese Ansammlung von Materie über Bewusstsein verfügt. Wie denn auch, wenn wir diesen Haufen Materie als »tot« betrachten! Die Hervorbringungen dieser Materie geschehen darum zufällig und unbewusst und sind ohne Sinn und ohne Absicht. Daraus folgt eine im Grund nihilistische Haltung des Menschen gegenüber dem Universum. Der Mensch traut dem Universum eine fruchtbare Beziehung zwischen sich und dem Universum, zwischen sich und seiner, unserer Heimatgalaxie nicht zu.

An der Frage nach dem Bewusstsein von Leben hängt vieles. Leben ohne Bewusstsein scheint uns unwert und unschöpferisch. Aber wir können uns andererseits nicht vorstellen, dass außermenschliches Leben über »Bewusstsein« verfügt. Wir halten uns viel auf unser Bewusstsein zugute, das doch meist am Rand von Verdrängen und Vergessen entlang taumelt. Wir sind vielleicht noch bereit, unserem Hund und der Hauskatze einen Hauch von Bewusstheit zuzugestehen. *Nichtmenschliches Leben = Unbewusstheit* lautet jedoch unsere Gleichung, mit der wir noch unser schäbigstes Verhalten gegenüber Tieren und Pflanzen rechtfertigen.

Astrologie handelt vom Menschen. Und von Planeten. Wir haben uns mental sehr erfolgreich gegenüber dem Ansinnen der Astrologie abgesichert. Erstens, Planeten sind tote Materie, daraus kann ja wohl nichts folgen, das den Menschen auch nur irgendwie beeinflussen oder gar determinieren könnte! Zweitens: Und wenn es doch der Fall wäre, dass Planeten »lebendig« sein sollten, so könnten diese doch über keinerlei Bewusstsein verfügen. Dieses aber wäre Voraussetzung für ein Funktionieren von Astrologie.

Ja, wir haben uns mental sehr gut abgesichert. Dabei birst das Universum vor lauter Leben und Bewusstsein, wir wollen es nur nicht wahrhaben. Wir suchen nach dem Schlüssel des Weltalls, aber wir suchen ihn nicht da, wo er uns aus Hirn und Herz entglitten ist, sondern dort, wo die Straßenlaternen unseres Verstandes für ein paar unsichere Lichtfleckchen gesorgt haben.

Wir können, und das gilt auch für die Mehrzahl der Astrologen, uns die Welt und das Universum nicht wirklich als lebendigen, intelligenten und fühlfähigen Organismus vorstellen oder als aus derartigen Organismen bestehend. Astrologen nehmen vielleicht wahr, dass unsere Galaxie womöglich doch organisch aufgebaut ist. Aber auch sie können sich mental nicht von den unwirtlichen, lebensfeindlichen Bedingungen lösen, welche allenthalben im interstellaren galaktischen Raum zu herrschen scheinen. Auch sie stolpern über die Frage nach dem Bewusstheitsgrad von Einzelfaktoren und Faktorengruppen. Der Astrologe weiß gut darum, dass im Sonnensystem eine Art von psychischer Klugheit wirksam ist. Eine andere Vorstellung wäre auch absurd angesichts konsistenter astrologischer Deutung, die mittelbar aus diesem Sonnensystem folgt. Aber die entsprechenden Schlussfolgerungen werden nicht gezogen. Auch der Astrologe ahnt, wie sich Weltraumkälte einerseits und eine kochende, ständig unter Dampf stehende Venus andererseits wahrscheinlich anfühlen. Die Atmosphäre der Venus ist nichts für uns Menschen, wohl wahr! Ist die Venus schon darum tote Materie? Wir neigen dazu, Lebendigkeit sogleich mit einer gemütlichen Lebenszuträglichkeit zu verwechseln. Das Raubtiergehege im Tiergarten ist höchst lebendig – und für den Besucher, der den Weg durchs falsche Gatter nimmt, durchweg nicht gerade zuträglich. Unsere Theorien über Bewusstsein und Leben, über Lebendigkeit und Tödlichkeit und Zuträglichkeit werden hauptsächlich davon bestimmt, was wir für unmöglich halten.

Woher kommt »Leben«? Ist Leben eine Eigenschaft, die dieses Objekt besitzt, jenes aber nicht? Woher kommt der Mensch mit seiner angemaßten Definitionsmacht in Sachen Leben und Nicht-Leben, Zuträglichkeit und Unzuträglichkeit? Die Antwort, die die moderne Astronomie bereithält, lautet nach dem programmatischen Buchtitel von Ken Croswell WIR SIND KINDER DER MILCHSTRAßE.[108] Noch weiter geht der ebenfalls programmatische Buchtitel KINDER DES WELTALLS, DER ROMAN UNSERER EXISTENZ von Hoimar von Ditfurth.[109] – Ein Buchtitel mag im Einzelfall überspitzt oder reißerisch sein, aber man darf erwarten, dass er triftig ist. Es heißt in Ken Croswells Buch ganz zu Anfang: »Unsere Milchstraße ist die wichtigste Galaxie im Universum. Sie ist unsere Heimat, ihr verdanken wir unser Leben. Wir umkreisen einen ihrer Sterne und bestehen aus Elementen, die man auch in der Sonne und in zahllosen anderen Sternen findet.«[110]

Eine Grundvoraussetzung für den zugewandten Umgang mit Astrologie ist die Annahme der Hypothese, dass Faktoren des Sonnensystems (Lichter, Planeten, Kleinplaneten; erdbezogene Mess- und Rechenpunkte usw.) auf regelhafte Weise mit dem Menschen und seinen Lebensvollzügen korrespondieren. Diese Hypothese tritt uns in einer kausalen Spielart entgegen: Die Planeten und sonstigen Deutungsfaktoren wirken in die humanen Lebensvollzüge hinein. Dem steht eine synchronistische Auffassung gegenüber: Die Planeten und die sonstigen Deutungsfaktoren sind Zeiger einer komplexen kosmischen Uhr, welche die entsprechenden inhaltlichen und zeitlichen Entwicklungen anzeigen.

Für beide Varianten lautet der Einwand des Skeptikers, dass die im Wortsinne astronomischen Entfernungen zwischen Erde bzw. Mensch und den Planeten des Sonnensystems eine wie auch immer gestaltete Einflussnahme ganz unwahrscheinlich machten. Wenn aber wir Menschen als »Kinder der Milchstraße«, ja, als »Kinder des Weltalls« gelten dürfen, bei noch viel größeren Entfernungen, verfängt das Argument einer entfernungsbedingten Geringfügigkeit nicht.

---

[108] Ken Croswell: Wir sind Kinder der Milchstraße. Entstehung und Geschichte unserer Heimatgalaxie. Darmstadt 1997 (zuerst engl. 1995).

[109] Hoimar von Ditfurth: Kinder des Weltalls. Der Roman unserer Existenz. München/Zürich 1973 (zuerst 1970).

[110] Croswell 1997, S. 11.

Wenden wir uns nun zunächst dem Gedanken zu, dass das Universum »lebt«, dass ein organischer Aufbau des Weltalls möglich und wahrscheinlich ist. Machen wir uns dabei bewusst, dass der Beleg für ein »lebendiges All« erst einmal nur »die halbe Miete« ist. Für den Skeptiker, wie ich ihn einschätze, reicht auch ein Argument für den organischen Aufbau des Alls nicht aus. Das Universum muss dann nachweislich über Bewusstsein verfügen.

Walter Bargatzky hat sich der »Hypothese vom organischen Aufbau des Weltalls« angenommen. Die daraus entstandene Publikation, obschon mittlerweile 40 Jahre alt, ist auch heute lesenswert.[111] Bargatzky erörtert zunächst die Merkmale, die vorliegen müssen, wenn ein biologisches Phänomen zugleich auch ein organisches, »lebendiges« System ist.

Ein lebender Organismus ist ein Stufenbau offener Systeme, der sich aufgrund seiner Systembedingungen im Wechsel der Bestandteile erhält. …

- Ein Organismus muss einen *Stoffwechsel* haben, das heißt die Fähigkeit zur selektiven Aufnahme von Stoffen aus der Umgebung und zur Rückbeförderung der Stoffwechselprodukte in diese Umgebung.
- Er muss sich durch *Wachstum,* Entwicklung, Alter und Tod auszeichnen, und zwar derart, dass sich die Prozesse dieses Formenwandels nicht mehr rückgängig machen lassen; sie müssen irreversibel sein.
- Er muss die Fähigkeit zur *Vermehrung* besitzen, sich also fortpflanzen können.
- Er muss imstande sein, eine *autonome Bewegung* zu entfalten.
- Er muss fähig sein, auf Einwirkungen aus seiner Umwelt mit Reizerscheinungen zu reagieren (*Reizbarkeit*).[112]

---

111 Walter Bargatzky: Das Universum lebt. Die aufsehenerregende Hypothese vom organischen Aufbau des Weltalls. Bearb. und ergänzte Taschenbuchausgabe. München 1980 (zuerst geb. 1978).

112 Bargatzky 1980, S. 105.

Die Kriterien der autonomen Bewegung und der Reizbarkeit sind nicht so unentbehrlich wie die anderen Kriterien. Bäume bewegen sich nicht. Zahlreiche Pflanzen erscheinen gegenüber Außenreizen oft gänzlich unempfindlich.

Haben Galaxien einen *Stoffwechsel?* Bargatzky zeigt, dass die intergalaktische Materie Rohstoff des gesamten Universums sein könnte. Sie »stellt eine ungeahnte Energiereserve und wahrscheinlich den eigentlichen Rohstoff des Weltalls dar.«[113] Lassen sich Zu- und Abflüsse erkennen? Bargatzky dazu:

> Die Milchstraße gibt laufend Materie in den verschiedensten Formen nach außen ab, und sie kompensiert diesen Verlust – neben der Eigenerzeugung von Materie aus ihrem Kern – ebenso laufend durch Aufnahme fremder Stoffe aus dem intergalaktischen Raum.[114]

Dabei zeigt der Energie- und Materieaustausch zwischen Galaxien eine beeindruckende Vielfalt von »Verkehrswegen« und »Brücken«.[115] Insgesamt schlussfolgert Bargatzky:

> Es liegen einwandfreie Beobachtungen dafür vor, dass die Galaxie Materie an den Raum außerhalb abgibt, auch Materie aus benachbarten Galaxien. Diese Abgabe und diese Aufnahme von Materie – von Massen sowohl wie von Energie – erfolgen im Wege eruptiver Vorgänge, aber auch in Form ruhigerer Flüsse. Somit steht fest, dass es einen laufenden Stoffwechsel der Galaxie mit ihrer Umgebung gibt. Daraus folgt: *Die Galaxie ist ein offenes System.* – Auch der Eintritt fremder Materie wird sehr wahrscheinlich durch Ereignisse in der Zentralregion der Galaxie in Gang gebracht.[116]

Insgesamt spricht für den organischen Aufbau einer Galaxie

- dass sie einen Stufenbau besitzt, also hierarchisch gegliedert ist: Monde, Planeten, Fixsterne, Kugelhaufen (zwischen den Spiralarmen und dem Halo), offene Haufen (in den Spiralarmen);

---

[113] Bargatzky 1980, S. 173.
[114] Bargatzky 1980, S. 175.
[115] Bargatzky 1980, S. 176 ff.
[116] Bargatzky 1980, S. 185 – Zitat ebda.

- dass sie ein offenes System darstellt, also nicht, wie man das anzunehmen scheint, ein isoliertes System oder ein geschlossenes. Sie gibt in den Weltraum sowohl Strahlung ab wie auch Materie. Sie ist auch kein offenes System, das Materie und Energie nur abgibt, sie nimmt auch beides auf;
- dass sie einen ständigen Wechsel ihrer Bestandteile zeigt. Äußerer Stoffwechsel mit dem extragalaktischen Raum und innerer Stoffwechsel (interstellare Materie) bewirken auf allen hierarchischen Ebenen einen fortwährenden Substanzaustausch, wobei die Zusammensetzung der Materie laufend Veränderungen erfährt;
- dass sie ihren Stoffwechsel selbst reguliert (»Dynamik aufgrund eigener Systembedingungen«). Die Steuerungszentrale scheint das Kerngebiet zu sein;
- dass sie sich in einem ständigen Formenwandel befindet, durch den das galaktische System erhalten und weiter ausgebaut wird. Es läuft eine ununterbrochene Kette von schöpferischen Prozessen ab, wiederum auf allen Stufen der Hierarchie (Einzelsterne, Spiralarme usw.). Die Folge ist eine immer größere Mannigfaltigkeit der inneren Organisation. Auf der höchsten Ebene reichen diese Schaffensprozesse von der Geburt über das Wachstum und die Alterung des ganzen Systems. Auch ihre Ursachen liegen in der Zentralregion;
- dass sie sich in einem fließenden Gleichgewicht erhält. Trotz ihrer starken Dynamik bewahrt die Galaxie einen quasi stationären Zustand ihrer Gestalt. Sie findet ihr Gleichgewicht nicht erst dann, wenn alle Lebensprozesse abgelaufen sind, wie das in unbelebten offenen Systemen der Fall ist (die nur Stoffe und Energien abgeben, aber nicht aufnehmen), sondern schon während der Prozesse, genauer gesagt: *weil* sie im Gange sind. Daher ist auch anzunehmen, dass die *Entropie* innerhalb der Galaxien und Brücken nicht etwa anwächst (wie bei unbelebten Systemen), sondern sich gleichbleibt oder gar abnimmt. Die Steuerung des fließenden Gleichgewichts erfolgt ebenfalls durch den Kern;

- dass sie fähig ist, sich zu *vermehren*. Diese Vermehrung scheint auf einem einmaligen oder wiederholten Ausstoß von Materie- und Energiemassen in den freien Raum zu beruhen. Hierdurch entstehen Kompaktkörper außerhalb der Galaxie, die zur Entwicklung neuer Sternsysteme führen.[117]

Bargatzky spricht auch nach diesen Ausführungen stets sehr vorsichtig von der Hypothese eines organischen Universums. Wenn wir eine Lebendigkeit von Galaxien im biologischen Sinn zugeben wollen, so darf man erwarten, dass lebenstypische Phänomene etwa in der Milchstraße regelmäßig zu beobachten sind. Zunächst: Der dritte Planet des Sonnensystems, die Erde, ist lebendig und zeigt derartige Phänomene in Hülle und Fülle. Dies ist erwartbar, so wunderbar es auch ist. Denn ein lebendiger Organismus gibt Leben in Hülle und Fülle weiter, sei es durch Vermehrung, sei es durch Ergänzung, Pflege, Altruismus usw.

Vorerst scheint die Erde in unserem Sonnensystem der einzige Ort weit und breit in unserer Heimatgalaxie zu sein, an dem sich das Wirken eines höheren Organismus in diesem Sinn zeigt. Es gibt nun drei Möglichkeiten.

1. Man akzeptiert als Erdenbewohner diese Einzigartigkeit und behauptet, dass weiteres Fragen und Forschen sinnlos seien – das Syndrom der pessimistischen Einmaligkeit.
2. Man rechnet Möglichkeiten hoch, zum Beispiel so: Die Milchstraße enthält nach konservativsten Schätzungen rund 100 Milliarden(!) Sonnen. Wenn nur jeder 10.000-ste Stern in seinem Umfeld üppiges Leben ausgeformt hat wie die Sonne mit der Erde, gäbe es allein in unserer Heimatgalaxie 10 Millionen lebendige, lebensstrotzende »Sonnensysteme«. Und dann können wir weiter auf andere Galaxien, auf Haufen und Superhaufen hochrechnen, gern unter Einbezug inzwischen zahlreich entdeckter extrasolarer Planeten.

   Es ist möglich, dass der Menschheit im Raumschiff Erde aus

[117] Bargatzky 1980, S. 195 f.

verschiedensten Gründen – Grenzen der Wahrnehmung, Grenzen bisheriger Raumfahrt usw. – ein Kontakt mit diesen zahlreichen »Lebensinseln« vorerst versagt blieb. Aber solche Kontakte und die damit verbundenen Einsichten sind nur eine Frage der Zeit. – Das ist die Hoffnung auf ein Ende der Einmaligkeit und auf den Beginn bewusster galaktischer Begegnungen.

3. Man kehrt das Grundargument um: Es geht nicht mehr darum, organisches Leben als seltene Ausnahme zu betrachten. Vielmehr geht es darum, alle Phänomene als Ausdruck von Lebendigkeit aufzufassen. Leben erschöpft sich nicht in organischen Varianten auf Kohlenstoffbasis. Leben ist nicht das Gegenteil von Tod, Leben bezieht den Tod mit ein. Leben ist auch nicht nur das erfüllte Kriterium der Zuträglichkeit. Leben ist immer »lebensgefährlich«, das heißt, dass die jeweils augenblickliche Lebensform das Risiko des Wandels, der Veränderung enthält. Aber der Ruf des Lebens als solcher verstummt nicht, seine schöpferische Kraft endet nie.

So weit, so gut. Es ist also nicht unwahrscheinlich, dass Galaxien Lebewesen sind. Muss der Skeptiker dann schon zugeben, dass der Mensch in der Tat ein »Kind des Weltalls« oder doch mindestens der Milchstraße ist? Hoimar von Ditfurth und Ken Croswell, so wollen wir voraussetzen, haben uns, egal ob Skeptiker oder Astrologie-Anwender, mit dem Wissen über all die Rohstoffe ausgestattet, die man braucht, um den Menschen zu schaffen.

Die Kernfrage lautet: Wie kommen Selbst-Bewusstsein und absichtsvolles Handeln in den Menschen hinein? Und trotz aller Biologie und trotz aller biologischer Ingredienzen: Sind sich Galaxien ihrer selbst bewusst? Können Galaxien »einfach so« in einem ihrer zahlreichen Planetensysteme »Bewusstsein« heranreifen lassen, »bewusstes Leben«? Wäre das überhaupt möglich, wenn wir gleichzeitig eine Bewusstheit der betreffenden Galaxie verneinen müssten? Die wissenschaftliche Kosmologie schweigt zu diesen Fragen. Wenn an dem großartigen kosmischen Symbolbild des »Wie oben, so unten« etwas dran ist, dann entspricht zumindest die Bewusstheit der menschlichen Spezies hienieden einer Bewusstheit des Sonnensystems. Die Astrologie ist in dieser Entsprechung das Medium, das beide, der Kosmos »oben« und der Mensch »unten«, miteinander teilen und nutzen. Menschliche Schöpferkraft und Weisheit haben die Astrologie als eine kosmische Universalsprache geschaffen, dem Kosmos nachempfunden.

Mittlerweile spricht vieles dafür, dass es kaum darum geht, über eine bestimmte Quantität an Bewusstsein zu verfügen, als vielmehr an einem allumfassenden Bewusstsein teilzuhaben. »Bewusstsein« ist nicht irgendeine intellektuelle Kategorie, die einen etwas schläfrigen Organismus dazu aufstachelt, ergebnisorientiert über sich selbst nachzudenken und diese Ergebnisse anderen schläfrigen Organismen zur allgemeinen Hebung des gesellschaftlichen Bewusstseins anzutragen. Bewusstsein im umfassenden Sinn ist die ihrer selbst bewusste Schöpferkraft, die unter verschiedensten programmatischen Namen wie »Gott«, »Urprinzip«, aber auch »Vater«, »Allerhöchster« und nicht zuletzt »Prana«, »Lebensodem« usw. allumfassend wirksam ist.

9. Kosmische Großzyklen – ein ganz anderes Paradigma

Wohl die meisten Astrologen identifizieren ihr Fach von vornherein mit der Deutung von Individualhoroskopen. Es ist diejenige Astrologie, die umstritten ist, es ist diejenige Astrologie, die es bisher nicht zu einer Theorie gebracht hat, es ist aber auch diejenige Astrologie, die in den letzten 40, 50 Jahren höchst erfolgreich gewesen ist, und es ist diejenige Astrologie, die nach meiner Einschätzung derzeit recht deutliche Belege dafür liefert, dass das ganze Fach demnächst vor einer beachtlichen Blickumstellung steht.

Die Individualastrologie stellt das persönliche Geburtshoroskop in die Mitte ihrer deutenden Betrachtung. Das persönliche Horoskop ist eine Momentaufnahme des Sonnensystems zum Zeitpunkt, da das zugehörige Menschenkind geboren wird. Insbesondere ist das persönliche Geburtshoroskop eine Momentaufnahme aller laufenden Planetenzyklen, also der Zyklen einzelner Planeten, aber auch der Zweierzyklen, die bekanntlich mit der Konjunktion zweier Planeten jeweils enden und neu beginnen. Bei der Deutung von Geburtshoroskopen macht sich der Astrologe meist gar nicht klar, dass das Horoskop eigentlich aus zahlreichen Planetenzyklen besteht. Er deutet die zu Aspekten geronnenen Zweierzyklen, deutet Einzelstände nach Häuser- und Zeichenzugehörigkeit. Das Interesse an Planetenzyklen ist gewissermaßen der Mundanastrologie vorbehalten. Einige Ausnahmen gibt es bei der individuellen Prognose: den ersten und den zweiten Saturn-Return, den »dritten und den vierten Mondknoten«, wie es im astrologischen Kürzeljargon heißt, außerdem die progressiven Neumondstellungen. Im Großen und Ganzen benutzen Individual- und Mundanastrologie dieselben Werkzeuge. Aber sie setzen sie zum Teil unterschiedlich ein.

Es gibt eine andere Art, die Sterne zu betrachten und zu deuten, weit entfernt von der Mundanastrologie und erst recht von der

Individualastrologie. Diese Art der Sternenbetrachtung verknüpft langfristige Entwicklungen auf dem Planeten Erde mit galaktischen Zyklen. Diese Zyklen und ihre Spiegelung in der Evolution des Lebendigen, in der Erdgeschichte, sind legitimer Teilbestand der Astrologie, auch wenn der durchschnittliche Astroberater diese Art von Astrologie so gut wie nie anwendet.

9.1. Galaktische Zyklen

»Astronomen haben festgestellt, dass sich unser Sonnensystem in einem wellenförmigen Auf und Ab durch den Raum bewegt, wobei es sich mal oberhalb, mal unterhalb der galaktischen Ebene befindet. Ein solcher Zyklus dauert ungefähr 64 Millionen Jahre.«[118] Dieser astronomische Zyklus scheint in Zusammenhang mit einem Evolutionszyklus zu stehen, den Wissenschaftler der Universität Berkeley, Kalifornien, entdeckten. Dieser Zyklus reichte bis zu den Anfängen fossiler Funde vor etwa 542 Millionen Jahren zurück. Die Wissenschaftler stellten fest, »dass das Leben auf der Erde etwa alle 62 Millionen Jahre einen relativ spontanen Entwicklungssprung vollzog, durch den sich die bestehenden Spezies zu einer jeweils neuen, komplexeren wandelten.«[119] Der Wissenschaftsautor David Wilcock, der diese beiden Zyklen von 62 bzw. 64 Millionen Jahren ausführlicher erörtert, zieht aus diesem zyklischen Phänomen des Entwicklungssprungs folgenden Schluss: »Unser Sonnensystem befindet sich in Intervallen von 64 Millionen Jahren mal ober- und mal unterhalb der galaktischen Ebene, und Fossilienfunde belegen die Existenz von 62 Millionen Jahre umfassenden Zyklen. Beides deutet darauf hin, dass der *Quellcode* allen Lebens der Galaxie selbst innewohnt. Das Leben auf der Erde könnte sich aufgrund unserer Reise durch die Galaxie zyklisch wandeln. Bei so gut wie jedem

---

118 David Wilcock: Die Urfeld-Forschungen. Wissenschaftliche Fakten belegen alte Weisheitslehren. Rottenburg 2012 (zuerst amer. 2012), S. 224.

119 Wilcock 2012, S. 223 f.

Staubkorn in der Galaxie handelt es sich offenbar um gefriergetrocknete Bakterien, was darauf verweist, dass es Leben in Hülle und Fülle gibt.«[120]

Was fangen wir mit einem derart langwelligen Zyklus von 62 Millionen Jahren ganz praktisch an? David Wilcock hat bereits eine Antwort gegeben: Wir betrachten solche Zyklen in Bezug auf unsere Reise durch die Galaxis – es ist unsere Reise, welche das Leben auf der Erde nach und nach wandelt. Wir schreiben Evolutionsgeschichte und sind zugleich ein Resultat dieser Geschichte: Die Evolutionsgeschichte schreibt gleichzeitig *uns*. – »Wir« – das ist alles Leben auf der Erde. Der Sinn dieses Lebens »auf der Erde« ist Evolution, ist ständige Fortentwicklung und Anregung zu weiterer Fortentwicklung.

Wilcock sagt es zwar nicht ausdrücklich, aber für ihn dürfte fraglos zutreffen, dass unsere Heimatgalaxie ein Lebewesen ist und Lebewesen hervorbringt. Mit Walter Bargatzky hält man es für möglich, dass Galaxien Lebewesen sind. Mit David Wilcock scheint es schwer zu glauben, sie seien keine Lebewesen.

Zyklen von 62 bzw. 64 Millionen Jahren Dauer sind, bezogen auf ein Menschenleben, ziemlich lang. Aber ein solch langer Zyklus zeigt unmittelbar, wie tief und wie zutiefst schöpferisch Leben und Entwicklung in die Bewegungen der Galaxis bzw. des Sonnensystems eingebettet sind. Wilcock erwähnt einen weiteren Zyklus von 26 Millionen Jahren. Etwa alle 26 Millionen Jahre kommt es zu einem außergewöhnlichen Schub in der Entstehung neuer Arten. Dieser Zyklus geht nicht im vorerwähnten 62-Millionen-Jahre-Zyklus auf.[121]

Diese beiden Zyklen richten auf je eigene Weise das Augenmerk auf die evolutiven Kräfte des Lebens und verweisen zugleich auf eine Art von Geschichtsschreibung in einem sehr großflächigen Sinn. Es ist die Geschichte zunehmender Komplexität und zunehmender Artenvielfalt. – Sind weitere Zyklen im Zusammenhang

---

[120] Wilcock 2012, S. 237.

[121] Wilcock 2012, S. 223.

zwischen dem Sonnensystem und der Milchstraße erkennbar? Vorerst, soweit ich blicke, nicht!

9.2. Präzessionszyklus und Maya-Kalender

Wir wollen uns darum an dieser Stelle gleich mit dem kürzesten der langwelligen Zyklen in der Galaxis und im Sonnensystem auseinandersetzen, dem Präzessionszyklus von rund 25625 Jahren Dauer. Wir steigen ein über den Maya-Kalender, genauer gesagt über die »Lange Zählung« des Maya-Kalenders und dessen magisches Datum 21.12.2012.

Die Positionierung des Sonnensystems ober- bzw. unterhalb der galaktischen Ebene hat mit der Präzessionsbewegung der Erde und damit des gesamten Sonnensystems zu tun. Die Präzessionsbewegung der Erde beruht darauf, dass die Rotationsachse der Erde eine Kreiselbewegung vollzieht. Infolge dieser Bewegung wandert der »Frühlingspunkt« vor dem Hintergrund der Ekliptik stetig rückwärts, gegen den Richtungssinn des Tierkreises und der Planetenumläufe. Bezieht man sich auf den »Frühlingspunkt«, so fragt man, wo zu Frühlingsbeginn am 20./21. März die Sonne in Relation zur Ekliptik steht. Prinzipiell kann man für alle Äquinoktial- und Solstitial-Punkte (Tagundnachtgleichen und Sonnenwendpunkte) völlig gleichwertig so fragen: Wo steht die Sonne, bezogen auf einen ekliptikalen Hintergrund, an diesem oder jenem Punkt der Tagundnachtgleiche bzw. der Sonnenwende?

Die Maya entschieden sich aufgrund ihrer Beobachtungen und Berechnungen für die Fragevariante: Wo steht die Sonne am 21.12. (Winter-Solstitium)? Forschung und Beobachtung ließen sichtbar werden, dass mit jedem Jahr bis 2012 die jeweilige Position der Sonne der galaktischen Ebene bzw. dem galaktischen Äquator näher kommen sollte und näher kam.

Aufgrund der Präzessionsbewegung, ausgelöst durch die Kreiselbewegung der Erdachse, stand die Sonne am 21.12.2012 in Konjunktion mit der galaktischen Ebene bzw. dem galaktischen

Äquator. Auf diese seltene Stellung wurde das Ende der Langen Zählung terminiert. Der Beginn der Langen Zählung fiel damit auf den 13.08.3113 v. Chr. Der 21.12.2012 ist ein Wendepunkt, und dieser Wendepunkt bezieht sich offenbar auch auf die ultralange Welle des 62-Millionen-Jahre-Zyklus. [122] Lawrence E. Joseph, ein US-amerikanischer Wissenschaftsjournalist, beschreibt das Besondere dieser Konstellation in seiner diesbezüglichen Publikation aus dem Jahr 2012 etwas zurückhaltender:

> Wir wissen, dass der nächste solare Höhepunkt, die nächste *rote Zone,* während der Sonnenstürme am häufigsten und intensivsten toben, gegen Ende 2012 beginnen sollte und sich 2013 fortsetzt. Vielleicht ist es ja Zufall, dass der zeitliche Rahmen sich eng mit den alten Mayas in Verbindung bringen lässt, die dem Verhalten der Sonne stets besondere Aufmerksamkeit gewidmet haben, besonders dann, wenn der Stern sich verfinsterte, sich also selbst zwischen Erde und das galaktische Zentrum der Milchstraße schob. Derartige Finsternisse treten alle 5.125 Jahre auf, zuletzt zur Wintersonnenwende 2012.[123]

Allerdings scheint nun das Gegenextrem einzutreten: Seit 2015 hat die Aktivität der Sonne kontinuierlich abgenommen. Dazu mehr im folgenden Kapitel 10.

Wir können die Bedeutung dieser ungeheuren Zyklen kaum recht einschätzen. Wir selbst sind Teil dieser Zyklen und zugleich Kinder dieser Zyklen. Die Menschheit ahnt seit einiger Zeit, vielleicht schon seit der Antike, als die – *nomen est omen* – »Zeitenwende« anbrach, dass eine große Veränderung ansteht. Seither – seit 2000 Jahren – lebt somit die Menschheit in einer Naherwartung. In dem Satz der Offenbarung, »Siehe, ich mache alles neu!« (Offb. 21, 5) ist diese Naherwartung zum Ausdruck gebracht. Nicht ohne Grund ist die Offenbarung das letzte Buch im Kanon des *Neuen Testaments.*

---

[122] Vgl. zur galaktischen Ebene auch: https://de.wikipedia.org/wiki/Galaktisches_Koordinatensystem

[123] Lawrence E. Joseph: Sonnenkatastrophe. Eine kosmische Schicksalsbeziehung. Berlin/München 2013 (zuerst amer. 2012), S. 222 f.

Nun, rund 1900 Jahre später[124], sind Nah- und Neuerwartung umso aktueller. Wir reden von der »Neuzeit«, reden vom »New Age«, sind bereit wie nie zuvor für Innovationen aller Art – und tragen so schwer am Alten, an unseren persönlichen und kollektiven Gebrechen und Verbrechen und sehnen uns nach Erlösung. Wir alle haben das Ende der Langen Zählung im Maya-Kalender 2012 miterlebt. Die Hoffnung auf die Rückkehr der Götter ist ungetrübt. Naherwartung nach wie vor.[125]

Die Lange Zählung misst 5125 Jahre. Das ist ein Fünftel des gesamten Präzessionszyklus von rund 25625 Jahren. Offenkundig hat die »Lange Zählung« etwas mit der Präzession zu tun. Diese ist aus der Froschperspektive des menschlichen Individuums ein gewaltiger Zyklus. 72 Jahre, fast die Gesamtlebenszeit des einzelnen Menschen benötigt der Präzessionszyklus, um sich auch nur um 1 Grad zu bewegen. An dieser Stelle ist folgende Unterscheidung wichtig. Der Präzessionszyklus bezieht sich auf die Bewegung der Tagundnachtgleichen. Die Lange Zählung ist wahrscheinlich eng mit dem Präzessionszyklus verbunden. Sie stellt aber auf eine Beziehung der Erd- und Sonnenstellung mit der galaktischen Ebene, dem galaktischen Äquator ab.

Auf die präzessionsbedingte Wanderung der Tagundnachtgleichen durch die Ekliptik wollen wir weiter unten eingehen. Diese Wanderung führt zu den einzelnen »Zeitaltern« innerhalb eines Präzessionszyklus. Jetzt soll uns die Frage beschäftigen, welche Bedeutung der Präzessionszyklus als Ganzes hat.

David Wilcox vermutet im Präzessionszyklus einen genetischen Evolutionszyklus. Vor rund 24.000 Jahren »war die Oberflächentemperatur der Ozeane so niedrig wie zu keinem anderen Zeitpunkt in den vergangenen 250.000 Jahren, und dies löste eine Eiszeit

---

[124] Die »Offenbarung« wurde wahrscheinlich um etwa 95 n. Chr. geschrieben.

[125] Dazu einprägsam und schlüssig: Gregg Braden: Tiefe Wahrheiten. Ursprung, Geschichte, Bestimmung und Schicksal der Menschheit. Burgrain 2011; Peter Ruppel: Maya 2012. Geheimes Wissen und Prophetie. Darmstadt 2010; Peter Russell: Die erwachende Erde. Unser nächster Evolutionssprung. München 1995.

aus«.[126] Schon vorher entwickelte sich der Homo sapiens in hohem Tempo weiter. Damit waren ältere Spezies zumindest tendenziell »abgehängt«. Der Neandertaler starb vor 28.000 bis 24.000 Jahren aus.

> Gehen wir ein weiteres Großes Jahr in die Vergangenheit zurück, so befinden wir uns ungefähr 50.000 Jahre vor der Gegenwart. Auch zu jenem Zeitpunkt erlebte der Mensch einen jähen Evolutionsschub. Bis vor etwa 50.000 Jahren hatte er sich keiner Hilfsmittel bedient, die ausgefeilter waren als eine grob behauene Steinklinge. Mit einem Mal jedoch begann er, Musikinstrumente, Nadeln und andere komplexe Gerätschaften herzustellen.[127]

Aus dieser Zeit dürften die ersten religiösen Knochenschnitzereien stammen. Der Mensch entdeckte das Sakrale – und die Schönheit:

> Kunstwerke, die sich unmissverständlich als religiös identifizieren lassen, kamen ebenfalls abrupt und aus völlig unbekannten Gründen vor 50.000 Jahren auf. Menschengräber wurden mit rotem Ocker kenntlich gemacht und an einem einzelnen Stern am Nachthimmel ausgerichtet.[128]

Mittlerweile ist klar, dass die Evolutionsgeschwindigkeit des Menschen vor rund 40.000 Jahren stark beschleunigt wurde, in den letzten 5000 Jahren um das Hundertfache! Die Präzession trägt zu dieser stürmischen Entwicklung bei. [129] – Die letzten 5000 Jahre: Das entspricht relativ genau der Langen Zählung. Diese könnte jetzt als eine Art Kalender der beschleunigten menschlichen Evolution gelten!

---

[126] Wilcox 2012, S, 241.

[127] Wilcox 2012, S. 241.

[128] Wilcox 2012, S. 241 f.

[129] Wilcox 2012, S. 242 f.

9.3. Präzession und Galaktische Zyklen

Es gibt eine verblüffende Erweiterung und Vertiefung im Bereich dieser langwelligen Zyklen. Halten wir fest, dass es einerseits zwei ungeheur große Evolutionszyklen gibt – 62 Millionen Jahr und 26 Millionen Jahre. Diese beiden Zyklen sind generelle Evolutionszyklen, die sich einerseits auf das regelmäßige Auftreten besonderer Evolutionssprünge, andererseits auf das regelmäßige verstärkte Auftreten lebendiger Vielfalt beziehen. Ein sehr viel kleinerer Evolutionszyklus, der sich hauptsächlich auf den Menschen und seine Entwicklung bezieht, ist der schon erwähnte Präzessionszyklus von rund 25.625 Jahren. Gibt es Zyklen »dazwischen«?

David Wilcox verweist auf Zahlenberechnungen der Sumerer, die häufiger auf die fantastisch hohe Zahl 195.955.200.000.000 führen. Diese Zahl wird als Ninive-Zahl bezeichnet: Tontafeln aus Ninive haben diese Zahl mehrfach verzeichnet. Die Zahl hat sehr wahrscheinlich mit der Berechnung eines Zeitraums zu tun. Versuchsweise teilte man die Zahl durch 86.400, die in Sekunden angegebene Dauer eines Tages. Die Ninive-Zahl würde also auf einer Sekunden-Berechnung basieren. Die Teilung durch 86.400 führt auf 2.268.000.000 Tage, was in Jahren ausgedrückt relativ genau auf 6,2 Millionen Jahre führt. Das Zehnfache davon sind 62 Millionen Jahre – der oben genannte Zyklus evolutiver Sprünge.

Teilt man die Ninive-Zahl (in Jahren: 6.209.573) durch den Präzessionszyklus (in Jahren 25.625), erhält man ungefähr 242,32: 242 Präzessionsumläufe ergeben rund 6,2 Millionen Jahre.[130] Bringen wir die bisher gefundenen Zyklen in eine Ordnung:

---

[130] Die Zahlenangaben in Jahren verstehen sich als Ungefähr-Angaben mit größeren Spielräumen von bis zu 200 Jahren hin und her. Die Rechnung auf der Basis von 25.625 Jahren für eine vollständige Präzession nimmt gewissermaßen Rücksicht auf den Zyklus der Langen Zählung (5125 Jahre – davon das Fünffache führt auf 25.625 Jahre). Allgemein gibt es die Ungefähr-Angabe der Präzession mit einer Dauer zwischen 25.700 und 25.800 Jahren. – Die »242« Präzessionsumläufe siedeln nahe an 240 Umläufen, nämlich 20 mal 12. 20 und 12 sind zwei »heilige Zahlen«.

Periode des Zyklus	Bezeichnung und Beschreibung
62 Millionen Jahre	Evolution in Sprüngen, Zunahme der Komplexität von Arten
26 Millionen Jahre	Zunahme der Artenvielfalt
25.625 Jahre	Präzessionszyklus: jeweils Evolutionsschub beim Menschen
5125 Jahre	Zyklus der Langen Zählung? – Zyklus evolutiver Beschleunigung beim Menschen?
6,2 Millionen Jahre = 240 x Präzession.	»Ninive-Zyklus«
62 Millionen Jahre	= 10 x Ninive-Zyklus
26 Millionen Jahre	= 1014 x Präzession

Wir müssen uns klarmachen, dass wir es bei der Periode der Präzession, aber auch bei den Perioden des Komplexitätszyklus (62 Millionen Jahre) und bei den Perioden des Vielfaltszyklus (26 Millionen Jahre) mit ungefähren Angaben zu tun haben. Dennoch sind die Vielfach-Verhältnisse verblüffend. Der Zyklus der Langen Zählung enthält zusätzlich ein dynamisches Moment, jedenfalls für die Periode der 5125 Jahre zwischen 3313 vor und 2012 nach Christus.

Die Zyklen scheinen Großes zu bedeuten. Aber was das genau ist, bleibt vorerst im Dunkeln. Eine »Nahtstelle« ist offenbar der Zyklus der Präzession. Dieser Zyklus scheint einerseits der kleinste »galaktische« Zyklus zu sein, enthalten zugleich in weitaus größeren Evolutionszyklen, welche die kreative Universalgeschichte der Galaxis erzählen. Andererseits ist der Präzessionszyklus der größte »Sonne/Erde-Zyklus«, welcher die kreative Universalgeschichte des Sonnensystems und damit der Menschheit erzählt.

Der interdisziplinäre Forscher Gregg Braden geht von Großzyklen der Menschheitsentwicklung aus und verknüpft diese Zyklen mit dem Präzessionszyklus. Die Menschheit *(Homo sapiens)* existiert seit rund 200.000 Jahren auf dem Planeten Erde. Es gibt, bedingt durch langfristige Veränderungen der Umlaufbahn der Erde um die Sonne, einen Zyklus von Eiszeiten und Warmzeiten mit einer Dauer von 100.000 Jahren. Ein weiterer Zyklus von 41.000 Jahren ist abhängig von langfristigen Veränderungen in der Neigung der Erdachse. Dieser Zyklus umfasst etwa ein Fünftel der genannten Zeit von 200.000 Jahren. 40 »Zeitalter-Zyklen« von jeweils 5125 Jahren (die Lange Zählung des Maya-Kalenders) kommen auf 205.000 Jahre, entsprechend rund 8 vollständigen Präzessionszyklen von jeweils 25.695 Jahren.[131] Der Präzessionszyklus ist offenbar ein hoch bedeutender Evolutionszyklus an der Nahtstelle zwischen Natur- und Zivilisationsgeschichte, »verantwortlich« für die evolutive Entwicklung der Spezies Mensch, verantwortlich für die Entwicklung des Miteinanders von Mensch und Erde; aber auch verantwortlich für den Aufstieg und Niedergang von Zivilisationen.[132]

9.4. Präzession und »Zeitalter«

Die Präzession der Tagundnachtgleichen und insbesondere der Frühlingstagundnachtgleiche, des »Frühlingspunktes«, führt auf die sogenannten »Zeitalter«: Der Frühlingspunkt, der zugleich per Definition der Punkt »0 Grad Widder« im tropischen Tierkreis ist, bewegt sich vor dem Hintergrund des siderischen Tierkreises, nämlich der zwölf Hauptsternbilder, gegen den Richtungssinn der Planeten und von Sonne und Mond. Der Frühlingspunkt ist derzeit – siderisch betrachtet – vor dem Hintergrund des Sternbilds Fische bzw. Wassermann. Deswegen auch die Rede vom »Fische-Zeitalter«, vom »Wassermann-Zeitalter«. Insgesamt gibt es zwölf dieser »Zeitalter«. Derzeit befinden wir uns im Übergang vom Fische-Zeitalter

---

131 Braden 2011, S. 299.

132 Vgl. Walter Cruttenden: Geschichte und Sternzeit – Verursacht die Präzession den Aufstieg und Niedergang von Zivilisationen? in: Glenn Kreisberg (Hrsg.): Das verschollene Wissen der Vorzeit. Neue Betrachtungen zu einer verbotenen Archäologie. Rottenburg 2011, S. 99–112.

zum Wassermann-Zeitalter. Idealerweise misst jedes Sternbild ca. 30 Grad. Wenn der gesamte Präzessionszyklus 25.625 Jahre dauert, so beträgt die ideale Durchschnittsdauer eines »Zeitalters« etwas mehr als 2135 Jahre. Das würde auf folgendes Bild führen:

Periode des Zyklus	Bezeichnung und Beschreibung
25.625 Jahre	Präzessionszyklus: jeweils Evolutionsschub beim Menschen. – Auch »Platonisches Jahr« genannt, großer kultureller Menschheitszyklus.
5125 Jahre	Zyklus der »Langen Zählung«? – Zyklus evolutiver Beschleunigung beim Menschen? 5. Teil des Präzessionszyklus.
2135 Jahre	»Zeitalter«, auch »Platonischer Monat« genannt. Kulturepoche der Menschheit. $^1/_{12}$ des Präzessionszyklus.

Diese Zyklen helfen uns, unsere eigene Geschichte als Gattung Mensch zu verstehen. Unsere Geschichte von etwa 200.000 Jahren ist ihrerseits eingewoben in eine unendlich viel längere Geschichte des Lebens auf der Erde, und diese Erdgeschichte ist Teil einer noch größeren galaktischen Geschichte.

Das Wissen um diese Zyklen lehrt uns das Staunen im Angesicht der Vergangenheit und damit Demut und Zuversicht im Angesicht der Zukunft. Mensch und Erde haben einen bedeutsamen Ort in der Geschichte der Galaxis. Unsere Heimatgalaxie arbeitet immer wieder darauf hin. Für die persönlichen Blickumstellungen und Aha-Erlebnisse des Astrologen, was seine Zunft und deren Paradigmen angeht, ist die gelegentliche Vergegenwärtigung des ganz großen Galaktischen Bildes eine sinnvolle Übung. Wir ahnen, dass wir uns als Menschheitskollektiv auf etwas Großes zubewegen. Das bekräftigt das oben schon Gesagte: *Wir leben in einer Endzeit.* Dazu noch einige Gedanken und Hinweise.

9.5. Modelle der Endzeit

Die großen galaktischen Zyklen bis hinab zum Platonischen Jahr, dem Präzessionszyklus, haben offensichtlich mit der Evolution des Planeten Erde und des Menschen zu tun. Wohin wollen und sollen diese Zyklen die Erde, die Menschheit steuern? Und wie hängt das Ziel mit dem Weg zusammen? Astrologische und andere Zyklen haben uns zunächst manches über unseren Weg gelehrt. Aber wohin soll es gehen? Die Antwort, so wäre es uns am liebsten, sollte ebenfalls im jeweiligen Zyklus enthalten sein. Wenn Zeit und Ziel, Zeit und Entwicklung miteinander gegeben sind, wird Zeit zur »Endzeit«.

9.5.1. Zeit und Endzeit: Philosophischer Exkurs

Zeit, so Ernst Cassirer in seinem Hauptwerk PHILOSOPHIE DER SYMBOLISCHEN FORMEN, werde »bei Newton im Beginn der Mechanik als beharrliche Basis alles Geschehens erklärt«.[133] Zeit wird damit zum gleichförmigen Hintergrundphänomen. Zeit ist »da«, sie »fließt« und »verfliegt«. Deshalb kann sie hinlänglich genau gezählt und gemessen werden. Diese Eigenheit macht es möglich, die allermeisten Fragen des Nacheinanders eindeutig zu klären. Die meisten Lebewesen haben so etwas wie eine eingebaute Uhr, die die jeweils für das betreffende Lebewesen nötige Zeitstruktur misst und damit sicherstellt.[134]

Die Zeit als »beharrliche Basis alles Geschehens« im Hintergrund liefert ein gleichmäßig graues Bühnenbild, vor dem sich Welt und Mensch und Leben entrollen. Zeit im Newton'schen Sinn ist sich verbrauchende Quantität ohne einen Sinn, ohne ein Ziel. Dieser Verbrauch ist zugleich eine Art Fortschritt, dem die Menschheit, die Welt endlos und beständig entgegen- und zugleich wieder

---

[133] Ernst Cassirer: Philosophie der symbolischen Formen. Erster Teil: Die Sprache. Berlin 1923, S. 29.

[134] Vgl. Alan Burdick: Warum die Zeit verfliegt. Eine größtenteils wissenschaftliche Erkundung. München 2017.

davontickt. Diese Zeit selbst ist bar aller Entwicklungen und Qualitäten. Selbst die Astrologie, die doch die »Qualität der Zeit« als ein Grundaxiom ihres Faches betrachtet, ist noch nicht so weit entfernt von dieser Newton'schen Zeit-Auffassung. Das Bühnenbild der astrologischen Anschauung ist etwas bunter, ist sinnlicher, sinnhafter. An die Stelle der einen unerbittlich tickenden Weltenuhr treten »die Uhren des Kosmos«, die zusätzlich noch ein paar Geschichten zu erzählen wissen. Was aber ist das Ziel, was ist Sinn und Zweck dieses ungeheuren galaktischen Räderwerks?

Damit gelangen wir zu einer radikal anderen Sicht auf Zeit. Alle Zeit bezieht sich nun auf ein Ziel. Zeit und Entwicklung, Zeit und Ziel sind miteinander gegeben. Zeit ist damit zugleich »Endzeit«. Die Zeit ist nicht mehr der abstrakte Hintergrund aller Geschehnisse. Sie ist nicht einfach nur Bühnenbild. Vielmehr ist die Zeit selbst Trägerin eines wachsenden Bewusstseins der gesamten Schöpfung, die als Ganzes auf ein Entwicklungsziel hinstrebt, auf Umwandlung, Erneuerung und Erlösung. »Zukunft« ist die einzige ernst zu nehmende Zeitkategorie dieser Modelle. Im Begriff der Endzeit sind zugleich die zwei Grundbedeutungen von »Ewigkeit« enthalten:

1. Ewigkeit als eine Art Maßeinheit der langen Dauer,
2. Ewigkeit als eine spirituelle Dimension außerhalb der Zeit.

9.5.2. »Endzeit« und wachsende Bewusstwerdung

»Endzeit« führt zunächst zu einem vorwiegend enthusiastisch-religiösen Lebensgefühl. Dieses Lebensgefühl macht die Zukunft zum Abenteuer. Das Ende der Zeit wird mit der »Endzeit« erreicht. Hinter der Zeit aber beginnt die Ewigkeit. Eine wesentliche Rolle spielt dabei die endliche Überwindung böser Kräfte und damit der Sieg des Guten. Nur so sind Ewigkeit (in der Bedeutung der spirituellen Dimension außerhalb der Zeit) und Erlösung auf Dauer(!) zu haben. Und dies liegt in der Verantwortung eines jeden Einzelnen. Typisch für diese endzeitlichen Modelle ist der Aufruf zur Umkehr, zu persönlicher Reue, Veränderung, Buße. Damit wird Zeit dem Bewusstsein des Menschen zugänglich. Der Einzelne nimmt mit

Bewusstseinsleistungen, zum Beispiel magischer bzw. religiöser Art, aber auch in Akten der Reflexion, der Selbsterziehung bewussten Einfluss auf das Kollektiv und auf sich selbst. Jeder für sich und am eigenen Leibe, aber zugleich alle für die gesamte Welt: So bieten sie dem Bösen, das die Erlösung zunichtemachen könnte, Einhalt.

Zu diesen Modellen gehört neben der Verheißung auch der Vorbehalt. Was geschieht, wenn das Böse fahrlässig oder absichtlich nicht überwunden wird? Welche Rolle soll oder muss dabei der Einzelne spielen? Wie wird das Eintreten der »Endzeit« vorausberechnet bzw. an eindeutigen Vorzeichen erkennbar? »Klassiker« dieser Endzeit-Modelle sind die Abschiedsreden von Jesus im Matthäusevangelium (Kap. 24) und im Markusevangelium (Kap. 13), außerdem die Johannes-Apokalypse.

»Endzeit« ist damit alles andere als Weltuntergang, sondern vielmehr, wie oben schon angedeutet, Übergang in ein neues, erweitertes Bewusstsein. »Siehe, ich mache alles neu!« (Offb. 21, 5) Dennoch ist auch die Variante der endzeitlichen Weltuntergangskatastrophe im Gedächtnis der Menschheit präsent: unter anderem als »Sintflut« oder als Mythos des »Untergangs von Atlantis«.

Zu diesen meist religiös begründeten Endzeitmodellen treten weitere Modelle dieser Art, beispielsweise der marxistische Geschichtsentwurf. Die Verheißung hier ist die klassenlose und darum gerechte Gesellschaft, in der das Privateigentum abgeschafft ist. Nicht weit von religiös begründeten Endzeitmodellen entfernt steht die »Omegatheorie« des französischen Jesuiten Pierre Teilhard de Chardin. Dieser entwirft in seiner »Omegatheorie« das Bild einer Erd- und Menschheitsgeschichte, die von einer physikalischen Struktur (»Geosphäre«) über die Heranbildung von Lebewesen (»Biosphäre«) zur einem geistigen Gesamtorganismus (»Noosphäre«) führt. Diese »Noosphäre« ist zugleich Ergebnis einer globalen Krise der »Biosphäre«. Mit der Noosphäre wird »eine neue Zeit, ein neues Bewusstsein und eine neue, überirdische Realität erschaffen.«[135]

---

[135] Vgl. Klaus Scharff: Faszinosum Zeit. 50 und mehr Denkansätze zu einem der spannendsten Rätsel der Wissenschaft. Höhr 2017, S. 249 bis 252, Zit. S. 250.

Teilhard de Chardin sieht eine Art von Attraktor gegeben, den »Omegapunkt«, der die gesamte Schöpfung zu sich und damit in die Noosphäre hineinzieht: die Vereinigung aller individuellen Bewusstheiten zu einem ganzheitlichen Superorganismus. Als Theologe und Christ betrachtet Teilhard de Chardin Christus selbst als Repräsentanten dieses Attraktors.

Das Modell von Jean Gebser[136] weist strukturell manche Ähnlichkeit mit dem Modell von Teilhard de Chardin auf. Gebser entwirft in seinem philosophischen Hauptwerk URSPRUNG UND GEGENWART eine Theorie der »Befreiung von der Zeit durch Bewusstseinstransformation«. Bisher hat der Mensch vier Bewusstseinsstufen durchlaufen, eine fünfte und letzte, die integrale Stufe steht unmittelbar an. In einem Raster (Abb. 3) sieht das so aus:

In allen hier genannten Modellen greift eine eigentümliche Beschleunigung Platz. »Endzeit« steht bewusst oder unbewusst, beabsichtigt oder nicht, binnen Kurzem bevor. Dem entspricht das durchgängige Motiv der Naherwartung. Und »Endzeit« meint das, was das Wort sagt: Die endzeitlichen Modelle weisen darauf hin, dass in der Tat, diesen Modellen zufolge, die gewöhnliche Newtonsche Zeit ihrem baldigen Ende entgegenstrebt. In den biblischen Modellen, die die Wiederkunft des Herrn zum Gegenstand ihrer Verheißung gemacht haben, ist »Erlösung« das Ziel. Teilhard de Chardin spricht von der »Noosphäre«, Jean Gebser von der »integralen Bewusstseinsstufe«. Jeweils bedeutet das eine massive und radikale Verwandlung. Diese führt zu Erlösung, zur Einsicht, zur Erleuchtung. Erlösung bedeutet eine gänzlich neue Zeiterfahrung, nämlich »Befreiung« von der Zeit.

Die »Beschleunigung«, die der Endzeit vorausgeht, ist zunächst offenkundig subjektiv. Sie wirkt als konkrete Ahnung, als unabweisbares Gefühl, entzieht sich aber der Berechnung. Das Modell der »Wiederkunft des Herrn« betont geradezu die gänzliche Ungewissheit darüber, wann die Wiederkunft stattfindet (Matth. 24, 42).

---

136 Vgl. Scharff 2017, S. 245 bis 248; das Raster habe ich gemäß der Darstellung von Klaus Scharff selbst entworfen.

Stufe	Entwicklungs-stufe der Menschheit	Weltverständnis	Zeitbewusstsein	Beginn (ca.)
1. archaisch	Hominiden	Keinerlei Trennung von Innen und Außen	Fehlt: Keine Vorstellung von Raum u. Zeit	Seit 1 bis 1,6 Millionen Jahren
2. magisch	Homo sapiens	Gefühl, ausgeliefert zu sein, Streben nach entsprechender Kenntnis und Einflussnahme.	Naturzeit, zyklische Zeit – Zeitlosigkeit	Seit etwa 150.000 Jahren
3. mythisch	Homo sapiens – homo sapiens sapiens	Bewusstwerdung einer »Innenwelt«	zyklische Zeit	Seit 25.000 Jahren.
4. mental	(dto.)	Objektbezogenes Verständnis von Natur und Welt.	messbare Zeit	Seit Beginn der Neuzeit
5 integral	(dto.)	Ganzheitliche Erfassung der Welt.	Freiheit von Zeit	Jetzt

Abbildung 3: Stufenmodell nach Gebser

Die Naherwartung des Ereignisses bedeutet nicht, dass es genau terminiert werden kann. Es gibt allerdings zwei Modelle, die in der Tat von einer technischen, berechenbaren Beschleunigung der Zeit selbst ausgehen. Ich nenne sie hier lediglich, ohne weiter auf sie einzugehen, und verweise auf einschlägige Darstellungen.

1. Carl Johan Calleman hat 2004 eine Deutung des Maya-Kalenders vorgelegt, die von einer fortwährenden Beschleunigung der Zeit in insgesamt neun Evolutionsstufen ausgeht. Das Zieldatum dieses Endzeit-Modells ist/war präzise der 21.12.2012.[137]
2. Terence McKenna hat eine »Zeitwellentheorie« entworfen, die ein Maß zunehmend häufiger eintretender innovativer Entwicklungen und entsprechend beschleunigter Evolution angibt.[138] McKenna nennt kein Datum, auf das sich sein Modell hin entwickelt, lässt aber keinen Zweifel daran, dass der Countdown auf die Zielzeit seines Modells in vollem Gang ist.

[137] Vgl. Darstellung in: Ruppel 2008, S. 208–217; Scharff 2017, S. 179 bis 184.
[138] Vgl. Darstellung in: Scharff 2017, S. 185 bis 191.

10. Zyklen der Sonnenaktivität

Die Sonne hat in allen Kulturen und Zivilisationen eine ungeheure kultische und religiöse Bedeutung. Ob im Alten Ägypten oder bei den südamerikanischen Inka, ob in Japan oder im Reich der Azteken im heutigen Mexiko – auf der ganzen Welt ist die schöpferische Macht und die nährende Kraft der Sonne Anlass zu deren kultischer Verehrung. Wir sind nicht zuletzt die Kinder von Sonne und Erde – und wir sollten uns dieses Geschenks innig bewusst sein, bevor wir den leichten Raureif der Wissenschaft auf das Antlitz der Sonne legen.[139]

Die zyklische Aktivität der Sonne ist wissenschaftlich unbestritten. Der Zusammenhang zwischen Sonnenaktivität und zumindest einigen Zyklen menschlichen und nicht-menschlichen Lebens, Strebens und Handelns ist ebenfalls unbestritten. Damit wäre die zyklische Sonnenaktivität ein Beispiel für die grundsätzliche Plausibilität des astrologischen Grundgedankens: Denn die Astrologie sieht einen Zusammenhang zwischen dem Sonnensystem mit seinen Faktoren (Sonne, Planeten, Erdmond usw.) und den Zyklen individuellen und kollektiven Lebens. Insbesondere stellt sie eine »Qualität der Zeit« fest. Die Astrologie hat sich bisher, von wenigen Ausnahmen abgesehen, nicht mit der Sonnenaktivität selbst befasst. Ohne Zweifel aber stellt der Zusammenhang zwischen Sonnenaktivität und irdischen Lebens- und Entwicklungszyklen im besten Sinn ein Feld der Astrologie dar. Dies gilt umso mehr, als die zyklische Aktivität der Sonne offensichtlich zu einer Auffassung von Zeit als einer sich wandelnden Qualität führt. Die Sonnenaktivität mit ihren Auswirkungen auf irdische bzw. gesellschaftliche und wirtschaftliche Zyklen ist einer wissenschaftlichen Theoriebildung ohne

[139] Zu diesem Thema vgl. überblicksweise: Andrea Bärnreuther (Hrsg.): Die Sonne – Brennpunkt der Kulturen der Welt. München 2009.

Weiteres zugänglich. Die Auswirkungen der Sonnenaktivität lassen sich statistisch bzw. kausal beschreiben. Zunächst ein Überblick über die zyklischen Aktivitäten der Sonne.

10.1. Die Grundperiode von etwa 11,1 Jahren

Als »Sonnenaktivität« werden zyklisch veränderliche Eigenschaften der Sonne bezeichnet. Dies hängt zusammen mit Turbulenzen des extrem heißen Gases der Sonne sowie mit laufenden Änderungen des Magnetfelds. Diese Aktivität zeigt sich am auffälligsten in wechselnder Häufigkeit der sogenannten Sonnenflecken.

Erste Beobachtungen von Sonnenflecken führte zu Beginn des 17. Jahrhunderts Galileo Galilei mithilfe eines Fernrohrs durch. Seit 1860 werden Sonnenflecken systematisch beobachtet. Pionierarbeit leistete hier das astronomische Observatorium Zürich.

Dieser sogenannte Sonnenflecken-Zyklus hat eine durchschnittliche Periode von 11,1 Jahren, kann aber im Laufe eines Jahrhunderts zwischen 9 und 13 Jahren schwanken. Die mittlere Zahl der Sonnenflecken schwankt von 0 bis 5 im Sonnenfleckenminimum bis über 100 im Maximum. Das bisher höchste bekannte Maximum gab es 1957/59 mit Zahlen über 200. Beim letzten Maximum 2013/14 lag die Zahl meist zwischen 60 und 100. An einzelnen Tagen gab es allerdings bis zu 120 Flecken. Seit Herbst 2015 hat die Aktivität der Sonne um knapp die Hälfte abgenommen.[140]

10.2. Negative Wirkungen der Sonnenfleckenperiode

Von besonderer Bedeutung sind die Sonneneruptionen, die zu den sogenannten *Sunflares* (dem »Sonnenwind«) führen. Jede Sonneneruption setzt gewaltige Mengen von Partikeln frei. Diese Sonnenpartikel wirken auf das Erdmagnetfeld. Dieses wiederum wirkt auf

---

[140] Vgl. zu der vorstehenden Darstellung insgesamt: Morpheus: Transformation der Erde. Marktoberdorf 2006, S. 66–71.

die Psyche des Menschen. Die in diesem Sinn zyklisch auftretenden »Magnetstürme« haben enge Beziehungen zum Auftreten hirnbezogener Krankheiten, zu Schlafstörungen, zu epileptischen Anfällen und Herzinfarkten. Epidemisch auftretende Erkrankungen hängen ebenfalls mit der periodischen Tätigkeit der Sonne zusammen. Dies wurde an Cholera-Epidemien nachgewiesen.

Sonnenstürme verändern den nervlich-psychischen Tonus und beeinflussen das labile Gleichgewicht des menschlichen Organismus und seiner Psyche, sodass es verstärkt zu Morden, zu sonstiger Kriminalität sowie vermehrt zu Suizidhandlungen kommt. Ebenso besteht ein Zusammenhang zwischen Sonneneruptionen und der Zunahme von Autounfällen.[141]

Sonnenstürme von ausreichender Stärke können die Erde gewissermaßen unter Strom setzen. Solange es keine Elektronik bzw. kein elektrisches Netz gab, waren derartige Stürme für den Menschen ungefährlich, abgesehen von den vermehrten psychopathologischen Auffälligkeiten, wie oben erwähnt. Die technisch-industrielle Zivilisation der Gegenwart ist freilich hoch gefährdet.[142]

Im Jahr 774 nach Christus kam es zum heftigsten Sonnensturm der vergangenen 11.000 Jahre. Zeit und Stärke von Sonnenstürmen lassen sich an der Beschaffenheit der Jahresringe von sehr alten Bäumen identifizieren. Das sogenannte »Carrington-Ereignis« im Jahr 1859 brachte das erst kurz zuvor installierte Telegrafennetz der USA durcheinander – der auslösende Sonnensturm hatte höchstens ein Fünftel von der Stärke des Sonnen-Hurrikans von 774. Etwa alle 150 Jahre ist mit einem Sonnensturm von verheerender Stärke zu rechnen – verheerend für die elektronischen Netze und damit durchaus eine ernsthafte Gefährdung der Zivilisation. Denn Kommunikation und Versorgung hängen von funktionierenden Strom- und Datenleitungen ab.

---

[141] Vgl. Morpheus 2006, ebda.

[142] Hierzu und zum Folgenden: https://www.welt.de/wissenschaft/weltraum/article120293999/Wenn-ein-solarer-Supersturm-die-Erde-trifft.html - Abruf 04.03.2019.

10.3. Positive Wirkungen der Sonnenfleckenperiode

Der Sonnenwind sorgt für einen Schutzschirm der Erde bzw. der Erdatmosphäre, ohne den die Entwicklung und Bewahrung des organischen Lebens auf der Erde nicht möglich wäre.

Die Sonnenaktivitäten sind eine Form kosmischer Kreativität. Die Einheit von Masse, Energie und Information, die das kosmische Entwicklungspotenzial repräsentiert, spricht dafür, dass der Informationsfluss vom Galaktischen Zentrum über die Sonne durch besondere Strukturen der Sonnenaktivität qualitativen Einfluss auf die menschliche Kreativität nimmt. Die Quantität dieses Informationsflusses ist berechenbar.

Außergewöhnlich energetische Sonneneruptionen scheinen eine sprunghafte Steigerung kreativer Impulse nach sich zu ziehen, die subjektiv als Erleuchtung, als umstürzende Erkenntnis empfunden werden.[143]

10.4. Zyklen der Sonnenflecken-Aktivität

Der 11,1-Jahres-Zyklus der Sonnenflecken-Aktivität ist so etwas wie die Grundeinheit einer zyklischen Entwicklung, die auf lange Sicht mit verschiedenen Parametern der Sonnenaktivität und auch in sehr viel größeren Zyklen untersucht werden kann.

Diese größeren Zyklen korrelieren eindeutig mit historischen Entwicklungen. Es gibt beispielsweise einen Zyklus von 36 Jahren (mittlere Länge), der mit Volksaufständen und Befreiungsbewegungen korreliert. Der russische Forscher A.L. Tschijewski erforschte mithilfe eines »Index menschlicher Massenerregbarkeit« das Protestverhalten in 72 Ländern der Erde für den Zeitraum von 500 v. Chr. bis 1922 n.Chr. 80 % der so ermittelten Ereignisse und Entwicklungen fielen in die Phase stärkster Sonnenfleckenaktivität.[144]

---

[143] Zum vorstehenden Abschnitt vgl. Morpheus 2006, S. 71–73.

[144] Vgl. Wilcock 2012, S. 265 f.

David Wilcock erwähnt in diesem Zusammenhang eine Metastudie, die eine Reihe von Studien zum Thema »anomaler Kognition«, also Tests zu übersinnlicher Wahrnehmung, gesichtet hat. Festgestellt wurde, »dass die Sonnenaktivität einen deutlichen und messbaren Einfluss auf unsere übersinnlichen Fähigkeiten hat. Zusammenfassend lässt sich sagen, dass diese Tests auf 'anomale Kognition' umso ungünstiger ausfielen, je stärker die Sonnenaktivität war.«.[145] David Wilcock schlussfolgert dann, dass der Kohärenzgrad im menschlichen Geist durch die gesteigerte Sonnenflecken-Aktivität gestört wird. Verhält sich hingegen die Sonne ruhig, entspannen sich die Gehirnwellen, die menschlichen Individuen kommen besser miteinander aus, es ist einfacher, in tiefere Bewusstseinsebenen zu gelangen und damit sind paranormale Fähigkeiten gesteigert.[146]

Eine Reihe größerer Zyklen korreliert eindeutig mit der Entwicklung von Rohstoffpreisen, Börsenkursen usw. - Ein 90-Jahre-Zyklus korreliert zum Beispiel mit Klimaschwankungen auf der Erde.[147]

Die Astronomie beobachtet derzeit folgende Zyklen der Sonnenfleckenaktivität:

- Den Grundzyklus von 11,1 (9–14) Jahren (sogenannter »Schwabe«-Zyklus);
- den »Hale-Zyklus« von etwa 22 Jahren (doppelte Länge des Schwabe-Zyklus), der auch den Wechsel der magnetischen Polarität der Sonnenflecken mit einbezieht;
- die »Schove-Zyklen« von etwa 42 bzw. etwa 50 Jahren Länge;
- den »Gleißberg-Zyklus« von 80-90 (bis 120) Jahren Länge;
- den Seuss-Zyklus, auch »208-a-Zyklus genannt, mit 180 bis 210 (208) Jahren Länge;
- außerdem einen Zyklus von 1470 bis 1500 Jahren Länge.[148]

---

145 Wilcock 2012, S. 269.

146 Vgl. ebda.

147 Vgl. dazu: Landscheidt 1994, S. 189 – 231, ähnlich Landscheidt 1989. – Ausführlicher gehe ich weiter unten auf Landscheidts Erforschung der Sonnenaktivität ein, vgl. Abschnitt 10.8.

148 Vgl. https://lv-twk.oekosys.tu-berlin.de/project/lv-twk/002-sonnenfleckenzyklen.htm - Abruf am 05.03.2019.

Diese Zyklen bezeichnen Klimaschwankungen bzw. Klimaperioden. Vor allem der letztgenannte Zyklus geht einher mit einem abrupten Klimawechsel. Es beginnt eine rasche Erwärmung mit nachfolgender langsamer Abkühlung.

Es ist auch möglich, dass die Sonne über mehrere Jahrzehnte hin verringerte Aktivität zeigt. Der britische Astronom Edward Maunder untersuchte die historisch aufgezeichneten Sonnenfleckenaktivität und entdeckte, dass zwischen 1641 und 1715 eine Pause im 11-Jahres-Zyklus aufgetreten war. Diese nach dem Entdecker als »Maunderminimum« bezeichnete Periode geht (zum Teil) auffällig mit der sogenannten Kleinen Eiszeit (ca. 1570 bis 1710) einher.

10.5. Mittelfristige und langfristige Veränderungen im Sonnensystem

Die Sonnenfleckenzyklen und -aktivitäten scheinen zunächst eine klimatische Entwicklung nahezulegen, eigentlich einen Fahrplan einer solchen Entwicklung. Die Untersuchung von Sonnenfleckenzyklen liefert somit zunächst einmal mögliche Argumente in der Debatte um den Klimawandel. Aber es geht um mehr:

> Seit spätestens Ende der 1970er hat die Gesamtstrahlung der Sonne um 0,5 Prozent pro Jahrzehnt zugenommen. Zwischen 1901 und 2000 wuchsen Größe und Stärke des Magnetfelds der Sonne um 230 Prozent. ... Ein NASA-Wissenschaftler sagte 2003, dass die Sonne seit Menschengedenken nicht so aktiv gewesen sei. Erst kürzlich hat ein Team von renommierten Geophysikern nachgewiesen, dass die Sonne seit den 1940er Jahren aktiver ist als in den gesamten 1150 Jahren zuvor. Die zunehmende Helligkeit zeigt sich erst seit 150 Jahren. Im November 2004 konnte dasselbe Team belegen, dass die Sonne energetischer ist als in den vergangenen 8000 Jahren.[149]

Die Aktivität der Sonne nimmt, wie schon erwähnt, seit 2015 kontinuierlich ab.

---

[149] Wilcock 2012, S. 447, dort auch Belege.

Diese jahrzehntelang zunehmende energetische Aktivität der Sonne könnte im Einklang mit dem Lebensgefühl der Moderne stehen: Wir sind Zeugen einer rasanten Entwicklung, die großartig und atemberaubend, aber zugleich auch gefährlich ist. Wo soll und wird das enden? Ungeheuren Fortschritten und Erkenntnissen stehen Herausforderungen nie gekannten Ausmaßes gegenüber. Und dass die Sonnenaktivität seit 2015 abnimmt, macht die Sache nicht harmloser.

Die Feststellung, dass die Sonne in jüngster Vergangenheit energetischer agiert hat als in den vergangenen 8000 Jahren, lässt spontan an einen Zyklus von rund 8000 Jahren Länge denken. Drei Zyklen dieser Länge reichen fast an den Präzessionszyklus heran.

Was geschah etwa 6000 vor Christus? In China wurde zu dieser Zeit das Huhn domestiziert, der Pflug wurde erfunden, man erkannte die Segnungen der Weinrebe und baute sie erstmals an, Ackerbau wurde zunehmend systematisch betrieben, erste Versuche zur Erfindung der Schrift wurden gemacht – die Menschheit war dabei, die sesshafte Lebensweise zu erproben, und war überdies mit der Ausgestaltung der Neolithischen Revolution beschäftigt: Arbeitsteilung und Spezialisierung als soziale Erfindungen, die enorme Folgen für die technische Entwicklung hatten. Die Leute müssen sich damals angesichts einer neuen, definitionsmächtigen Lebensweise ebenfalls ziemlich großartig und ziemlich verwirrt gefühlt haben.

10.6. Sonnenaktivität – Schlussfolgerungen

Die Phasen hoher Sonnenfleckenaktivität sind die gefährlichen, aber auch die schöpferischen Phasen! »Wo aber Gefahr ist, wächst /Das Rettende auch«, heißt es in Hölderlins Hymne PATMOS. Sonnenfleckenperioden sind wie gespannt-schwierige Transite im Horoskop: Ihre Förderung besteht in ihrer Forderung nach einer schöpferischen, kreativen Antwort des Horoskopeigners.

Dazu schreibt Theodor Landscheidt:

Der Mensch wird durch *destabilisierende Einflüsse*, die das Sonnensystem in seiner Gesamtheit auf ihn ausübt, nicht determiniert, sondern angeregt, von seinem Kreativitätspotential, das ihn als Individuum auszeichnet, weitreichenden Gebrauch zu machen. Wenn es nicht um Individuen geht, sondern um Gruppen von Menschen oder gar ganze Völker, lässt sich hiernach verstehen, wie sich längere oder kürzere Perioden vorherrschender Stabilität oder Instabilität auf die Wirtschaft oder auch auf das politische Verhalten auswirken. ... Es liegt in der Hand des Menschen, ob er von seiner Erkenntnis- und Entscheidungsfähigkeit verständigen Gebrauch machen will, indem er den jeweiligen kosmischen Rückenwind nützt oder sich gegen widrige Winde wappnet, statt sich unkontrolliert treiben zu lassen.[150]

10.7. »Kriegs- und Geistesperioden im Völkerleben« Die Arbeiten von Rudolf Mewes

Rudolf Mewes, Physiker, Jahrgang 1858, legte 1896 ein Werk mit dem bemerkenswerten Titel DIE KRIEGS- UND GEISTESPERIODEN IM VÖLKERLEBEN UND VERKÜNDIGUNG DES NÄCHSTEN WELTKRIEGES vor.[151] Mewes verweist »nach den neuesten wissenschaftlichen Untersuchungen« auf den »Zusammenhang der Sonnenflecken mit den Umlaufszeiten der großen Planeten Jupiter, Saturn und Uranus«.[152] Gleichzeitig sucht Mewes eine mechanische Erklärung verschiedener Perioden »im Leben unseres Planeten«, insbesondere eine Erklärung für das Erdzeitalter des Tertiärs.[153]

---

[150] Landscheidt 1994, S. 212.

[151] Rudolf Mewes: Die Kriegs- und Geistesperioden im Völkerleben und Verkündung des nächsten Weltkrieges. Eine astrologisch-physiologische Skizze. Leipzig 1896. – Rudolf Mewes: Die Kriegs- und Geistesperioden im Völkerleben und Verkündung des nächsten Weltkrieges. Eine astrologisch-physiologische Skizze. Zweite, erweiterte Auflage. Leipzig 1917.

[152] Alle Zitate: Mewes 1917, S. 7.

[153] Vgl. Mewes 1917, S. 3 f. – »Das Tertiär war ein Erdzeitalter ..., das den älteren und weitaus längeren Abschnitt des Känozoikums (der Erdneuzeit) umfasste. Es begann am Ende der Kreidezeit vor 66 Millionen Jahren und dauerte bis

Dabei streift Mewes auch das Motiv der kosmischen Katastrophen, durch die neues Leben und neue Entwicklungen möglich werden.[154] Das Entwicklungsmotiv der Kosmischen Katastrophe wird insbesondere von Immanuel Velikovsky vertreten.[155]

Mewes wendet sich dann seinem eigenen Thema der Sonnenfleckenzyklen zu: Es gibt eine zwischen 10 und 16 Jahren schwankende Periodizität der Sonnenfleckentätigkeit Diese Periodizität hängt mit der Stellung der Planeten Jupiter, Saturn (und Uranus) zusammen.

> Es sind also 5 Jupiterjahre oder 21665 Tage sehr nahe gleich zwei Saturnjahren, d.h. 21518 Tagen, noch genauer 72 Jupiterjahre gleich 29 Saturnjahren usw. Nach dieser Zeit stehen also beide Planeten wieder in denselben heliozentrischen Längen, d.h. in denselben Positionen gegen die Sonne, also in nahezu 59,2 Jahren. Nimmt man noch Uranus hinzu, so folgt, dass alle drei Planeten, da die Umlaufszeit des Jupiter nahezu gleich 11,9 Jahren, des Saturn 29,4 Jahren und des Uranus 84,0 Jahren ist, im Mittel nach 675,5 Jahren wieder in derselben Position zur Sonne stehen; denn es sind 57 Jupiterjahre 678,3, 23 Saturnjahre 676,2 und 8 Uranusjahre 672,0 Jahre. Nun gibt Wolf[156]

> … für die größere Periodendauer der Sonnenfleckenmaxima 55,55 Jahre an, so dass man für deren doppelte Wiederkehr 111,1 Jahre erhält. Hieraus folgt, dass die große säkulare Periode von 675,5 Jahren aus sechs solchen

---

zum Beginn des Quartärs vor 2,6 Millionen Jahren. Das Klima auf der Erde war im Tertiär wesentlich wärmer als heute. Nach dem Massenaussterben der großen Saurier und vieler anderer Tierarten am Ende der Kreidezeit entwickelte sich hauptsächlich im Tertiär die Tier- und Pflanzenwelt, wie wir sie heute kennen-«. Zit. n. https://de.wikipedia.org/wiki/Terti%C3%A4r – Abruf am 26.08.2020. – Man beachte die Zahlen: die 2,6 Millionen Jahre sind uns schon bei der »Ninive-Zahl« begegnet, die 66 Millionen Jahre sind (relativ) nahe bei den genannten Zyklen von 64 bzw. 62 Millionen Jahren!

[154] Mewes 1917, S. 6.

[155] Vgl. Immanuel Velikovsky: Welten im Zusammenstoß. Stuttgart 1951 (zuerst amer. 1950).

[156] Gemeint ist der Schweizer Astronom und Pionier der Sonnenflecken-Forschung Rudolf Wolf (1816–1893).

> Doppelperioden besteht; denn es ist der Quotient aus 675,5 und 6 gleich 112,6, also sehr nahe gleich 111,1.[157]

Mewes fügt eine Berücksichtigung sonnennaher Planeten hinzu und reduziert als Durchschnittsdauer auf 111,3 Jahre statt 112,6: »In diesem Zeitraum von 111,3 Jahren sind je zwei Kriegsperioden und je zwei Perioden der Wissenschaft und Kunst enthalten, deren jede die mittlere Dauer von 27,8 Jahren besitzt.[158]

> Vergleichen wir nun die Kriegsepochen und die Blüteperioden der Literatur, Kunst, Wissenschaften und Technik mit den im nächsten Abschnitt besprochenen Maximal- und Minimalperioden des Wasserstandes, so erkennt man als eine unumstößlich historische Tatsache, dass erstlich die großen Kriegstaten, welche eine weltbewegende Bedeutung besessen haben, ausnahmslos in den Perioden großer Dürre, d.h.in den Zeiten eines niedrigen Grundwasserstandes, stattgefunden haben, dass dagegen zweitens die großen Blüteperioden der Literatur, Kunst und Wissenschaft, sowie die gewaltigen Errungenschaften der modernen Technik und Industrie gerade in die Maximalperioden des Grundwasserstandes fallen.[159]

Mewes verweist auf das Sonnenflecken-Maximum alle 11 Jahre. Diese Periodizität findet sich auch in der Mächtigkeit der Lichtentwicklung, der sogenannten Sonnenfackeln (Sunflares), aber auch in der täglichen Variation der Magnetnadel und der Intensität des Erdmagnetismus sowie in der Häufigkeit der Nordlichter.[160] Die Grundperiode des Sonnenflecken-Maximums von 11 bzw. 11,33 Jahren geht in einer größeren Periode von 55/56 Jahren auf und eventuell in einer noch größeren Periode von 220 Jahren. Dies ließ sich über die Eintrittshäufigkeit von Nordlichtern feststellen. Es geht dabei nicht nur um die Gleichheit der Perioden beim Sonnenfleckenzyklus einerseits und dem »Nordlicht-Zyklus« andererseits. Die Maximalzeiten und Minimalzeiten beider Zyklen fallen

[157] Mewes 1917, S. 10.
[158] Mewes 1917, S. 11.
[159] Mewes 1917, S. 18.
[160] Vgl. Mewes 1917, S. 24 – dort auch Literaturverweise.

überdies zusammen. Dieselbe Periodizität gilt für den Erdmagnetismus.[161]

Weiter gilt nach Mewes:

> Die Wasser- und Wettererscheinungen wiederholen sich in Perioden von 110 bis 112 Jahren; eine solche Periode ist gleich der doppelten großen Periode der Sonnenflecken, Nordlichter und erdmagnetischen Erscheinungen (5 x 11⅓ = 56⅔ Jahre). Jede Periode zerfällt in vier gleiche Abteilungen von 27–28 Jahren, eine Maximalzeit (des Wassers) erster Klasse, eine Minimalzeit erster Klasse, eine Maximalzeit zweiter Klasse, eine Minimalzeit zweiter Klasse. Diese Bezeichnungen rühren von daher, dass in den Maximalzeiten die höchsten, größten und häufigsten Überschwemmungen eintreten, während die Minimalzeiten nur geringe und wenige Hochwasser, dagegen die niedrigsten Wasserstände von längster Dauer enthalten.[162]

Außerdem gibt es nach Mewes einen Zusammenhang zwischen Grundwasserstand und epidemisch auftretenden Krankheiten bzw. Volksgesundheit.

> Kombiniert man diese Daten mit der … Periode der Grundwassermaxima, so ergibt sich das überraschende Resultat, »dass gewisse Epidemien wie Typhus, Pocken u.a. von den Fleckenperioden der Sonne, d.h. von der Menge der von der Sonne ausgestrahlten Wärme abhängig sind, dass also die Sonne, die Spenderin und Ernährerin der Menschheit, durch ihre Strahlen schließlich die Ursache gewisser verheerender Krankheiten wird und deren Gang in großen Perioden bestimmt.[163]

Für die Eiszeitenbildung vermutet Mewes einen Zyklus der Flut- und Eiszeitperioden von 12.000 Jahren und bringt hier den Präzessionszyklus von rund 26.000 Jahren ins Spiel.[164] Hoch spekulativ ist eine von Mewes angenommene sehr langsame Drehung der Erde

---

[161] Vgl. Mewes 1917, S. 25 f. – Der größere Zyklus von 55 bis 56 Jahren erinnert an den Kondratjew-Zyklus, dessen Periodizität mit 54 Jahren angegeben wird.

[162] Vgl. Mewes 1917, S. 27, dort auch das Zitat.

[163] Mewes 1917, S. 36, Zitat S. 37.

[164] Mewes 1917, S. 34 f.

um eine Ost-West-Achse. Diese Achse läuft durch Sumatra und Ecuador. Der Zyklus beträgt nach Mewes 360.000 Jahre.[165] Im Übrigen ist Mewes Kind seiner militaristischen Epoche. Mit dem Nachweis von »Kriegs- und Geistesperioden« geht es ihm auch darum, den Krieg als unvermeidliches Naturereignis darzustellen.[166]

10.8. »Neo-Astrologie« – Die Arbeiten von Theodor Landscheidt

Was Rudolf Mewes tastend und deutend angedacht hat, nicht zuletzt befangen im materialistischen (und militärischen) Paradigma seiner Zeit, hat Theodor Landscheidt gedanklich durchdrungen und zu Ende gedacht. Theodor Landscheidt (1927 bis 2004) ist einer der eigenwilligsten Denker in Astronomie und Astrologie, in keine Schublade passend, von hoch interdisziplinärer Neugier getrieben, dabei ein inspirierter Träumer und Wissenschaftler zugleich.[167]

Landscheidt konzentrierte sich in seiner astronomischen Arbeit auf Phänomene und Aktivitäten der Sonne.[168] Und hier leistete Landscheidt das, was man – psychologisches Paradigma hin oder her – irgendwie auch von einem guten Astrologen erwartet: triftige Prognosen. Landscheidts Erfolgsbilanz ist eindrucksvoll:

> Sein Prognoseexperiment für die Periode 1979–1985 wurde vom Space Environment Center, Boulder/Colorado, und von den Astronomen Gleissberg, Wohl und Pfleiderer überprüft. Seine Prognosen erwiesen sich als zu 90 % richtig, selbst dann, wenn die Sonnenausbrüche nur in sehr unregelmäßigen Abständen erfolgten. Er hatte 1984 prognostiziert, dass die

[165] Mewes 1917, S. 121.

[166] Mewes 1917, S. 77, 129 f.

[167] Vgl. Landscheidts diesbezügliches Plädoyer, in: Landscheidt 1994, S. 178.

[168] Dabei ist Landscheidt sowohl den wissenschaftlichen als auch den mystischen Erkenntnispfad gegangen, vgl. Landscheidt 1989; Theodor Landscheidt: Wir sind Kinder des Lichts. Freiburg 1987.

Sonnenaktivität im Jahre 1990 niedriger sein würde, was auch so eintrat. Der 23. Sonnenfleckenzyklus (ab 2000/ 2001) erreichte nur das von ihm angekündigte mittlere Niveau, obwohl eine Sachverständigengruppe ein gleich hohes Sonnenfleckenmaximum wie im Vorzyklus annahm. Die derzeitige Abnahme der Sonnenflecken-Aktivität, durch ihn 2003 postuliert, wird ihm zu Ehren unter Klimaforschern auch *Landscheidt-Minimum* genannt. Zuverlässige Sonnenaktivitätsprognosen auf Grundlage der Sonnenzyklen ermöglichten es Landscheidt, Klimaphänomene Jahre im Voraus zu prognostizieren. Seine Prognosen beinhalteten: Ende der großen Dürre in der Sahelzone; Dürreperioden in den USA um 1999, was mit einem Maximum des Palmer-Dürre-Index bestätigt wurde; die letzten fünf Extrema in den globalen Temperaturanomalien; die letzten drei El-Niño (z.B. der Super-El-Niño von 1998) und Ablauf der letzten La-Niña. Das Extremhochwasser des Po, welches im Oktober 2000 begann, hatte er schon sieben Monate zuvor prognostiziert.[169]

Landscheidt geht bei seinem Forschungsansatz von zwei fundamentalen Begriffen aus: dem Massenzentrum des Sonnensystems und dem Zentrum der Sonne selbst. Das Sonnenzentrum schwingt um das Massenzentrum herum. Das Massenzentrum des Sonnensystems bewegt sich auf einer Ellipsenbahn um das Galaktische Zentrum; gleichzeitig bewegt sich die Sonne »auf einer verwickelten Spirale« um die Bahn des Massenzentrums. Dabei gibt es großräumige Umläufe, bei denen Sonnenzentrum und Massenzentrum großen Abstand voneinander haben. Hier ist die Bahnkrümmung im Verhältnis gering. Der Umlauf beträgt 12 bis 14 Jahre. Die weiten Umläufe wechseln sich mit engen Umläufen ab, bei denen sich Sonnenzentrum und Massenzentrum sehr nahe kommen. Die Bahnkrümmung ist stark, die Umläufe betragen 9 bis 10 Jahre. Die Bewegung läuft darauf hinaus, dass die Sonne auf einer pulsierenden Spiralbahn um das Massenzentrum des Sonnensystems schwingt. Bei dieser Art des Schwingens spielt zusätzlich der Bahndrehimpuls

---

169 https://www.astro.com/astrowiki/de/Theodor_Landscheidt - Abruf 20.09.2020.

der Sonne eine Rolle, nämlich die Dynamik der Sonnenbewegung auf ihrer gekrümmten Bahn um das Massenzentrum. Wichtig ist außerdem der Spindrehimpuls der Sonne, »der an die Rotation der Sonne um ihre Achse anknüpft«.[170] Dies ist gewissermaßen das Rüstzeug, mit dessen Hilfe Landscheidt die Dynamik der Sonnenschwingung beschreibt. Mit dieser Beschreibung lässt sich ein Zusammenhang zwischen Sonnenschwingung und dem 11-jährigen Sonnenfleckenzyklus erkennen. Landscheidt selbst hat eine Reihe weiterer Zyklen abgeleitet, die mit Klimaphänomenen, aber auch mit wirtschaftlichen Entwicklungen korrelieren.[171]

Ein Beispiel möge hier genügen, um sichtbar zu machen, welch weites Feld der Sonnenbeobachtung Theodor Landscheidt mit seinen Forschungen eröffnet hat: Die Dynamik der Sonnenbewegung lässt sich mit ihren Spitzen und Tälern in Gestalt einer fünffingrigen Hand darstellen. »Große Finger« solcher fünffingrigen »Sonnenhände« bezeichnen Wendepunkte im Jahrhundertzyklus der Sonnenflecken. Es kommt vor, dass einer der Finger am Rand der »Sonnenhand« fehlt und dass dann gleich die nächste »Sonnenhand« beginnt. Dies geht einher mit einem einzigen Maximum, wo sonst zwei getrennte Fleckenmaxima aufeinanderfolgen.[172]

Fünfer-Strukturen, fünfzählige Symmetrien in der Natur sind organisch-lebendigen Wesenheiten vorbehalten, wie überhaupt 5 die Zahl des Lebendigen ist. Der Schluss liegt nahe, auch für Landscheidt, dass die Sonne ein Lebewesen ist.[173] Diese zyklischen Fünfer-Strukturen korrespondieren mit irdischen Zyklen, zum Beispiel mit der zyklischen Entwicklung von Roheisenpreisen, von Börsenkursen, von Niederschlägen und Temperaturschwankungen, von Zinsentwicklungen usw.[174]

Landscheidt hat über die zyklischen Prozesse auf und in der

---

170 Vgl. Landscheidt 1994, S. 186 f., Zitate ebd.
171 Vgl. Landscheidt 1994, S. 189.
172 Vgl. Landscheidt 1994, S.196–203.
173 Vgl. Landscheidt 1994, S, 196 f.
174 Vgl. Landscheidt 1994, S. 222–230.

Sonne, aber auch im Zusammenhang mit ihren Bewegungen eine Fülle von Material, von Einsichten zusammengetragen bzw. selbst erforscht. Die Vielfalt solarer Phänomene und Zyklen verdichtet sich zu einer »Sonnenstandsastrologie« ganz eigener Art. Landscheidt selbst bezeichnet seine Arbeit als »Neo-Astrologie«. Was Landscheidt als »Neo-Astrologie« anführt, ist, genau genommen, ein Teil der Mundanastrologie, soweit es um die Verknüpfung irdischer und solarer Zyklen geht. Landscheidts Neo-Astrologie stellt keine »individualastrologischen Ansprüche«. Sie ist schon darum einer Theoriebildung sehr viel eher zugänglich. Landscheidts Arbeit ist im Übrigen eine reiche Fundgrube an Erkenntnissen, zumal seine ausführliche Darstellung zum Goldenen Schnitt als Bauprinzip der Natur.[175]

10.9. Sonnenaktivität und Astrologie

Die oben (10.2. und 10.3) geschilderten positiven und negativen Auswirkungen zyklischer Sonnenfleckenaktivität können auch als Bausteine einer besonderen Weise astrologischer Deutung bzw. Prognose aufgefasst werden. In der Tat darf man vermuten, dass bei etwas günstigeren Beobachtungsmöglichkeiten Sonnenflecken schon in der Antike legitimer Bestand astronomischer Beobachtung und astrologischer Deutung hätten sein können. Astrologie hieß traditionell Beobachtung von Himmelsphänomenen und Deutung von deren vermutlicher Einflussnahme auf die sublunare Welt, zu der auch der Mensch gehörte.

Ein gewisses Hindernis für eine »barrierefreie« Forschung war die theologische Überzeugung von der vollkommenen Ebenmäßigkeit der Sonne. Nach dieser Überzeugung konnte die Sonne keine Flecken haben. Aber das wäre kein Hindernis auf Dauer gewesen.

Die zyklischen Aktivitäten der Sonne können uns somit in eine Astrologie der Zukunft führen. Astrologie deutet den Einfluss

---

175 Landscheidt 1994, S. 231–333.

verschiedener Elemente des Sonnensystems auf den Menschen. Eines dieser Elemente ist die Sonne selbst. Die Beobachtung der zyklischen Sonnenaktivitäten und die deutende Bezugsetzung dieser Beobachtungen zu kollektiven psychischen und sozialen Phänomenen der Menschheit ist ohne Zweifel so etwas wie »Astrologie«. Das ist freilich, wie oben schon angedeutet, keine Individualastrologie. Es ist, da nun einmal die Sonne im Mittelpunkt der Beobachtung und Deutung steht, in der Tat so etwas wie eine stark erweiterte »Sonnenstandsastrologie«.

Der Zusammenhang zwischen Sonnenaktivität und irdischen Entwicklungen wird, soweit ich blicke, wissenschaftlich nicht bezweifelt. Die Beobachtung der Sonnenaktivität zum Zweck einer Vorhersage irdischer und kollektiv-menschlicher Entwicklungen entspricht demjenigen Teilgebiet der Mundanastrologie, das sich mit der Beobachtung und Deutung von planetaren Einer- und Zweierzyklen befasst. Diese Art von Astrologie könnte Zukunft haben, diesseits und vor allem auch jenseits der kleinen Gemeinschaft der (Berufs-)Astrologen.

Schon die Arbeit von Rudolf Mewes verweist auf einen Zusammenhang zwischen Sonnenfleckenaktivität und der Stellung der Planeten, insbesondere der Riesenplaneten Jupiter, Saturn und Uranus.[176] Landscheidt beobachtet das fortlaufend sich ändernde Verhältnis zwischen dem Massenzentrum des Sonnensystems und dem Zentrum der Sonne selbst.[177] Das Massenzentrum des Sonnensystems und seine Lage wird also durch die Umläufe und die Konstellierung der Planeten im Sonnensystem beeinflusst. Dieser Einfluss bezieht sich auf Sonnenaktivitäten, die wiederum mit Mensch und Erde zu tun haben. Genau darauf zielt die Astrologie ab: auf den deutbaren Zusammenhang zwischen Planetenkonstellationen und irdischem, menschlichem »Weltgeschehen«.

Eine vorsichtige Hypothese könnte also lauten: *Was Astrologen als Planetenkonstellationen für wichtig erachten und deuten, entspricht den*

---

[176] Mewes 1917, S. 10 f.

[177] Landscheidt 1994, S. 186 f.

Aktivitäten der Sonne auf eine bestimmte regelhafte Weise. Vorerst sollten wir davon ausgehen, dass weder die Astrologen noch die Forscher in Sachen Sonnenaktivitäten und ihrer Rhythmen schon alle Schlüssel zum Verständnis der jeweils von den beiden Wissensgebieten beobachteten Phänomene in der Hand halten. Hier dürfte sich eine Tür zu einer Theoriebildung in der Astrologie öffnen. Mehr dazu im folgenden Abschnitt.

11. Und jetzt?

Ein Dilemma des psychologischen Paradigmas in der Gegenwartsastrologie ist die fatale Gleichzeitigkeit schicksalsbetonter, latent wahrsagerischer Deutungen und Zuschreibungen. Astrologen reden von Aussagegrenzen, reagieren aber mit verklärtem Blick auf das Angebot von Deutungsmehrwerten, die nicht unbedingt zum Begriff der Aussagegrenze passen. Dieses Angebot besteht aus hypothetischen Faktoren, zahllosen Kleintechniken und Kleinplaneten. Astrologen betonen den selbstbestimmenden Faktor … und lassen sich selbst möglicherweise durch derartige Angebote fremdbestimmen. Das ehemals geschlossene Lehrgebäude der Astrologie ist teilweise zerfallen. Dafür gibt es Anbauten, die ganz proper erscheinen, die jedoch manche Frage der Statik und der Ästhetik offenlassen.

Das sind Zeichen dafür, dass wir vor einem Wechsel stehen. Das »Lehrgebäude« ist wacklig geworden, die Anbauten stellen sich als Flickwerk heraus. Dieser Prozess entspricht völlig der Entwicklung, wie Thomas Kuhn sie aufgezeigt hat (vgl. Kap. 1). Was freilich wird, weiß niemand. Ich vermute, dass sich die Astrologie als Ganzes neu sortiert. Damit würden die einzelnen Bereiche der Astrologie ein anderes Gewicht – und ein anderes Gesicht – erhalten. Vorerst sieht es folgendermaßen aus:

Bereich	Teilgebiet
Individualastrologie	• Individuelles Sosein Charakter-/Menschenkunde, Partnerschaft • Schicksal und Chancen Medizin, Gesundheit, Karriere, »Glück« und »Geld«: allgemeine und gezielte Prognosen

Spirituelle Astrologie	• Karmische Astrologie • Spirituelle und esoterische Lebensdeutung
Mundanastrologie	• Lehre der kosmischen Großzyklen • Historische und aktuelle planetare Zyklenlehre • Solare Zyklen und Aktivitäten • (Individual-)Horoskope von Entitäten (Firmen, Konzernen, Staaten usw.)

Das Faszinierende an der Astrologie ist, dass sie wie nur wenige Disziplinen das ganze Leben in ihren Blick nimmt – materiell und spirituell, beruflich und familiär, öffentlich und privat. Die Astrologie kennt natürlich spezielle Teildisziplinen in ihrem Fach, aber sie ist jeder Spezialisierung im Sinn einer Beschränkung abhold. Es gibt nichts, was der Astrologe nicht gefragt wird. Der Sitz der Astrologie im Leben ist in einer Blickmitte installiert, von der aus die Augen des Betrachters von allen Themen des Lebens, von allen Fragen unter der Sonne gleich weit entfernt – und damit allen Phänomenen des Lebens nahe sind. So war die Astrologie jedenfalls seit Anbeginn gedacht: Nicht alles Weltgeschehen ist schlüssig aus Konstellationen und Horoskopen ableitbar, aber alles Weltgeschehen lässt sich mithilfe der astrologischen Sprache verständlich und begreiflich, beschreibbar und damit geistig bewältigbar machen.

Das macht den Beruf des Astrologischen Beraters so faszinierend, aber auch so anspruchsvoll. Es gibt nichts, was der Astrologe nicht gefragt wird. Zwar muss der Astrologe nicht auf alles eine Antwort wissen. Aber er muss den Fragen seiner Klienten achtsam und einfühlsam begegnen … und sollte über weitläufige Allgemeinbildung verfügen. Nach wie vor haben wir wahrscheinlich genau dieses Bild vor unseren Augen, wenn wir an den Augenblick denken, als wir uns für den Beruf des beratenden Astrologen entschieden: *Der Astrologe geht einfühlsam und kundig auf den Ratsuchenden ein. Die astrologische Beratung geschieht vertraulich und unter vier Augen.* Diese Haltung dürfte die weitaus meisten astrologischen Dienstleistungen kennzeichnen. Zwei Szenarien sind denkbar.

1. Die *Individualastrologie* wird von einer womöglich massiv verlaufenden Blickumstellung des Gesamtfachs kaum berührt. Die astrologische Charakter- und Menschenkunde nebst der daraus resultierenden Prognostik ist und bleibt Kerndisziplin der Astrologie, wahrscheinlich sogar unter Einschluss all der kleinen und größeren Paradoxien, auf die sich die psychologische Astrologie seit Jahrzehnten eingelassen hat. Eine vertiefte Nutzanwendung der individuellen psychologischen Astrologie ist mit einer Zunahme astrologischen Coachings zu erwarten. Charakter ist Schicksal und damit auch Chance. Die psychologische Astrologie tut jetzt schon viel, damit »Charakter« nicht einfach als etwas »gelebt« wird, das keine andere Wahl zulässt, sondern auch gebildet, geprägt, optimiert wird. BEFREIUNG VOM SCHICKSALSZWANG heißt ein bezeichnender astrologischer Buchtitel.[178] Dieser Trend wird sich fortsetzen. Gerade weil die psychologische Astrologie wahrsagerische Festlegungen vermeidet, ist mithilfe der psychologischen Astrologie Coaching, ist Optimierung möglich und sinnvoll. Dass (auch) die psychologische Astrologie das Wirken des selbstbestimmenden Faktors im Individuum vergisst und eine gelegentliche Anfälligkeit[179] zeigt, Aussagegrenzen zu überschreiten, wirkt je nachdem tröstlich oder verstörend.

2. Die massiven Blickumstellungen, die für die *Mundanastrologie* zu erwarten sind (dazu gleich noch mehr), wirken sich auf längere Sicht auch für und in der Individualastrologie aus. Diese verändert nach und nach ihr Angesicht. Eine Theoriebildung, die von

---

[178] Hermann Meyer: Befreiung vom Schicksalszwang. Astropsychotherapie. Wettswil 1989.

[179] In meinem Geburtshoroskop steht Chiron Spitze 7. Eine Kollegin, die an sich dezidiert psychologisch arbeitet, warnend zu meiner Liebsten (welche auch Astrologin ist): »Du, pass gut auf, der hat Chiron am Deszendenten!«

der Mundanastrologie her Platz greift, wird auch für die Individualastrologie bedeutsam. Die Individualastrologie wird nicht aufgegeben, aber sie wird im Sinn eines echten Paradigmenwechsels auf ein Neues, von der Mundanastrologie her bestimmtes Fundament gesetzt.

Die entscheidenden Blickumstellungen wird es damit in der Mundanastrologie geben. Deren Aufschwung ist mit dem Aufschwung des Wassermann-Äons zu erwarten. Noch stehen wir an dessen Beginn und erleben dessen Kinderkrankheiten, nämlich die ungehemmte und zugleich verlogene Betonung von sogenannter Freiheit, von Individualismus. Denn paradox ist doch, dass es noch nie in der Geschichte der Menschheit so viel Überwachung und Gängelung, so viele Angriffe auf Freiheit und Autonomie gab wie jetzt. Scheinbar jedoch wird uns allen der rote Teppich ausgerollt.

Solche Paradoxien sind typisch am Beginn eines neuen Äons. Im Wassermannzeitalter dürfte es um das richtige, das lebensvolle, empathische und solidarische Verhältnis von Individualität und Kollektiv gehen. Weder ist beliebige Individualität sinnvoll, noch die Diktatur des Kollektivs. Denn dann würde alles in irgendeiner Spielart zerstörerischer und selbstzerstörerischer Konkurrenz enden. Dass »alle Menschen Brüder« werden, wie das Ideal des Wassermannzeitalters in Schillers Ode an die Freude zum Ausdruck gebracht wird, schließt jede Konkurrenz, jede Bevormundung aus. Freiheit ist zuallererst Freiwilligkeit. Individualität ist zuallererst Originalität. Dem Kollektiv (»der Bruderschaft«, wie man frei nach Schillers Liedtext sagen darf) tun Freiwilligkeit und Originalität besser als irgendein Zwang. Der seltsam überspannte Individualismus jetzt am Beginn des Wassermannzeitalters dient weder dem Einzelnen oder dem Individuum noch dem Kollektiv.

Zu erwarten ist, dass die Mundanastrologie als eine Astrologie des Kollektivs ausgebaut wird. Es wird künftig weniger wichtig sein (aber immer noch genügend wichtig), was ein Individuum demnächst zu erwarten hat. Die Zukunft des Menschheitskollektivs nimmt in jedem Fall an Bedeutung zu. Astrologisch lässt sich das wahrscheinlich am ehesten durch eine sorgfältige Beobachtung von planetaren Zweierzyklen verfolgen. Hinzu darf aber, wie wir gesehen haben (Kap. 10), eine genaue Beobachtung der komplexen Aktivität der Sonne treten. Die jeweiligen Solarzyklen liefern reiches Material für detaillierte prognostische Arbeit. Die Arbeit mit planetaren Zweierzyklen bzw. mit solaren Zyklen beschränkt sich auf die kollektive Ebene. Das erleichtert sehr wahrscheinlich zugleich eine (mundan-)astrologische Theoriebildung. Dem skeptischen, an Vorstellungsvermögen armen Wissenschaftler fällt es schwer, den Bezug des individuellen Horoskops zum Zeitpunkt der Geburt (und eben nicht der Empfängnis) zu akzeptieren, und damit fällt es ihm erst recht schwer, überhaupt die Triftigkeit des Geburtshoroskops ernst zu nehmen. Die Untersuchung von Zyklen auf der Ebene des Menschheitskollektivs umgeht diese Schwierigkeit. Wissenschaftler sind längst ohne Zögern bereit, eine Auswirkung zyklischer Sonnenaktivität auf Mensch und Erde für möglich zu halten. Ich vermute, dass es bis zur speziellen Theorie einer mundanen Astrologie nicht mehr so sehr weit ist. Es wird sich um eine Theorie der astronomisch-astrologischen Zyklen handeln. Eine solche Theorie deckt nicht schon alle (Mundan-)Astrologie ab. Das muss sie auch nicht. Ihre hoch willkommene Nebenwirkung wird in der Anregung und Anreicherung wissenschaftlicher Vorstellungskraft bestehen.

Ich vermute, dass eine umfassende mundane Zyklenlehre unter Einschluss solarer Zyklen, sonstiger astrologischer Zyklen und astronomischer Zyklen nicht mehr lange auf sich warten lässt. Vielfach wird auch heute die Mundanastrologie als eine Art von erweiterter Individualastrologie betrieben – mit zahllosen Gründungshoroskopen von Staaten und Firmen, mit Geburtshoroskopen von Regenten und Generaldirektoren, mit Horoskopen schließlich von Finsternissen und Saros-Serien. Das alles ist keineswegs falsch. Aber diese Art von Mundanastrologie bietet nur eine beschränkte Sicht auf die Potenziale des Menschheitskollektivs. Im Übrigen ist zu erwarten, dass die Individualastrologie ganz bewusst in den Dienst der Mundanastrologie gestellt wird. Das Kollektiv, die »Bruderschaft der

Menschen« ist auf die gediegene Arbeit und den lauteren Charakter einzelner Individuen zugunsten des Kollektivs, zugunsten von Teams angewiesen.

Astrologie redet generell und gern über die Zukunft und bezieht sich immer wieder auf die Zukunft. Gewiss ist es bedeutsam, in welche Richtung sich ein Einzelner, ein Kollektiv bewegt. Der Mensch sollte allerdings auch wissen, woher er kommt. Er sollte um seine Geschichte wissen, seine Einbettung in größere Entwicklungszusammenhänge, seine Einbindung in große kosmische bzw. geologische Zyklen. Wir haben dies in Kap. 9 angedeutet. Zugespitzt formuliert: Erst wenn der Mensch um seine Herkunft weiß, erst wenn der Mensch seinen Ursprung und seine Geschichte kennt, kann er angemessen und souverän auf die Probleme und Herausforderungen der Gegenwart reagieren.[180] Die Kenntnis der großen kosmischen Zyklen öffnet uns das Verständnis des Großen Gesamtbilds und macht uns zugleich demütig und zuversichtlich.

Und was steht für die spirituelle Astrologie zu vermuten? Das Faszinierende an der Astrologie ist, dass sie unter dem Prinzip des »senkrechten Weltbildes« auch alle Ideen und Phänomene in Religion, Philosophie und Weltanschauung betrachten, besprechen und deuten kann. Mithilfe der astrologischen Sprache werden religiöse Konzepte, aber auch religiöse Erfahrungsmuster benennbar. Religiöse Bedürfnisse und religiöse Sehnsucht lassen sich genauer umschreiben. Die Astrologie kennt viele spirituelle Wohnungen »in des Vaters Haus« (vgl. Joh. 14, 2), und ihre zeitweilige Wohnstatt in der Theosophie, beim New Age, in einem jungianisch-spirituellen Ambiente hat ihr nirgendwo Schaden zugefügt. Natürlich meutern die akademischen Wissenschaften, die Ratio und Religio am liebsten streng voneinander getrennt halten würden. Aber Astrologie »tickt nicht so«. Erstaunlich viele Astrologen sind aktive Katholiken, erstaunlich viele Astrologen sind Buddhisten. Und ganz offensichtlich besteht die »Lebenshilfe Astrologie« gerade aufgrund ihrer sowohl rationalen wie religiösen Denkungsart. Eine rein säkulare

[180] Vgl. Braden 2011, S. 18, S. 276 ff.

Astrologie wäre ein Krüppelfach. Die vedische Astrologie zum Beispiel ruht von vornherein auf einer spirituellen Philosophie auf.[181] Astrologie insgesamt ist weltanschaulich offen, zugewandt, legt nicht fest, urteilt nicht und – vor allem – verurteilt nicht.

Die spirituelle, religiöse bzw. esoterische Lebensdeutung mit astrologischen Mitteln wird weiterhin zunehmen. Die Menschheit ist gerade dabei, der Welt und des Universums als spirituelle Organismen gewahr zu werden. Die Menschheit ist auch gerade dabei, die ins Leere führenden Handläufe und Krücken dogmatischer Weltsichten hinter sich zu lassen. Die Astrologie kann dieses Gewahrwerden mit ihren Deutungen und Modellen auf beste Weise begleiten und vertiefen. Sie bietet von vornherein ein ganzheitliches Welt- und Menschenbild an, ohne deswegen die Details gering zu schätzen oder gar zu ignorieren. Es darf vermutet werden, dass dieses Modell, das eine spirituelle Astrologie ausmacht, auch wegleitend für andere Teilgebiete der Astrologie sein wird.

---

[181] Vgl. die Darstellung in: Komilla Sutton: Indische Astrologie. Grundlagen der vedischen Horoskopdeutung. Freiburg im Breisgau 2001 (zuerst engl. 1999), S. 19–30.

Literatur

OSKAR ADLER: Das Testament der Astrologie. 4 Bände. Wien 1950 (Band 1), München 1992 u. sp. (Bände 2 bis 4).

ALÍ BEN RAGEL: El Libro Conplido en los Judizios de las Estrellas. Barcelona 1997 (zuerst arab., lat., altspan. 12. Jahrhundert).

IRÈNE ANDRIEU: Karma im Horoskop. Die Deutung von Mondknoten, rückläufigen Planeten und Karmaregenten. München 1989 (zuerst frz. 1984).

RENZO BALDINI: Die Arabischen Punkte. Ihre Anwendung in der modernen Astrologie. Tübingen 2008.

HAJO BANZHAF UND ANNA HAEBLER: Schlüsselworte zur Astrologie. 4. Aufl. München 1997.

WALTER BARGATZKY: Das Universum lebt. Die aufsehenerregende Hypothese vom organischen Aufbau des Weltalls. Bearb. und ergänzte Taschenbuchausgabe. München 1980 (zuerst geb. 1978).

ANDREA BÄRNREUTHER (Hrsg.): Die Sonne – Brennpunkt der Kulturen der Welt. München 2009.

SIEGFRIED BÖHRINGER: Astrologie. Kosmos und Schicksal. Stuttgart/Mainz 1990.

GREGG BRADEN: Tiefe Wahrheiten. Ursprung, Geschichte, Bestimmung und Schicksal der Menschheit. Burgrain 2011.

BERNADETTE BRADY: Brady's Book of Fixed Stars. York Beach, Maine 1998.

BERNADETTE BRADY: Astrologie zwischen Chaos und Kosmos. Schicksal, freier Wille und die Ordnung des Lebens neu gesehen. Tübingen 2008 (zuerst engl. 2006).

WILLIAM BRAMLEY: Die Götter von Eden. Peiting 1990.

GOTTFRIED BRIEMLE: Wer Ohren hat, der höre. Esoterisch-christliche Wege zum Seelenheil. Aulendorf 1997.

ALAN BURDICK: Warum die Zeit verfliegt. Eine größtenteils wissenschaftliche Erkundung. München 2017.

ERNST CASSIRER: Philosophie der symbolischen Formen. Erster Teil: Die Sprache. Berlin 1923.

KEN CROSWELL: Wir sind Kinder der Milchstraße. Entstehung und Geschichte unserer Heimatgalaxie. Darmstadt 1997 (erst engl. 1995).

WALTER CRUTTENDEN: Geschichte und Sternzeit – Verursacht die Präzession den Aufstieg und Niedergang von Zivilisationen? in: Glenn Kreisberg (Hrsg.): Das verschollene Wissen der Vorzeit. Neue Betrachtungen zu einer verbotenen Archäologie. Rottenburg 2011, S. 99–112.

RÜDIGER DAHLKE: Krankheit als Symbol. Handbuch der Psychosomatik. München. 5. Aufl. 1996.

HOIMAR VON DITFURTH: Kinder des Weltalls. Der Roman unserer Existenz. München/Zürich 1973 (zuerst 1970).

HANS-PETER DÜRR: Es gibt keine Materie! Revolutionäre Gedanken über Physik und Mystik. Amerang 2. Aufl. 2012.

DENNIS ELWELL: Das kosmische Netzwerk. Zürich o. J. (1988 – zuerst engl. 1987).

RAFAEL GIL BRAND: Lehrbuch der klassischen Astrologie. Mössingen 2000.

FRANK A. GLAHN: Erklärung und systematische Deutung des Geburtshoroskops. Bad Oldesloe 1924, 3. verb. u. verm. Aufl. Memmingen 1930 (Nachdruck Mössingen 1999).

MATTHIAS HACKEMANN: Orakel, Seher und Propheten. Wie die Antike in die Zukunft sah. Köln 2010.

KAREN HAMAKER ZONDAG: Stundenastrologie. München 1985 (zuerst niederl. 1983).

MAX HEINDEL: Die Botschaft der Sterne. Sils-Maria o. J. (2007) (zuerst Leipzig 1921).

JAMES HILLMAN: Charakter und Bestimmung. Eine Entdeckungsreise zum Sinn des Lebens. München 2002 (zuerst engl. 1996).

JOHANNES HOLEY: Bis zum Jahr 2012. Der Aufstieg der Menschheit. Fichtenau, 2. Aufl. 2001.

LAWRENCE E. JOSEPH: Sonnenkatastrophe. Eine kosmische Schicksalsbeziehung. Berlin/München 2013 (zuerst amer. 2012).

IMMANUEL KANT: Kritik der praktischen Vernunft, Kap. 34 »Zum

Beschluß« –https://gutenberg.spiegel.de/buch/kritik-der-praktischen-vernunft-3512/34
IMMANUEL KANT: Allgemeine Naturgeschichte und Theorie des Himmels. https://de.wikipedia.org/wiki/Allgemeine_Naturgeschichte_und_Theorie_des_Himmels
KLAUS W. KARDELKE: Der Asteroiden-Planet Mallona, dargestellt nach der Neuoffenbarung durch Jakob Lorber. Lorber-Gesellschaft. Bietigheim 1980.
DANIEL KEHLMANN: Mein Algorithmus und Ich. Stuttgarter Zukunftsrede. Stuttgart/Hamburg 2021.
HERBERT FRHR. VON KLÖCKLER: Kursus der Astrologie (3 Bände). Leipzig 1927 u. ö.
DOROTHÉE KOECHLIN DE BIZEMONT: Karma-Astrologie. Das Horoskop als Spiegel vergangener Leben. München 1985 (zuerst frz. 1983).
ROLF KREIBICH: Zukunftsforschung. Institut für Zukunftsstudien und Technologiebewertung. Arbeitsbericht 23/2006. Berlin März 2006.
GLENN KREISBERG (Hrsg.): Das verschollene Wissen der Vorzeit. Neue Betrachtungen zu einer verbotenen Archäologie. Rottenburg 2011.
THOMAS S. KUHN: Die Struktur wissenschaftlicher Revolutionen. Frankfurt/Main. 1967 (zuerst amer. 1962).
THEODOR LANDSCHEIDT: Wir sind Kinder des Lichts. Freiburg 1987.
THEODOR LANDSCHEIDT: Sun, Earth, Man – A Mesh of Cosmic Oscillations. London 1989.
THEODOR LANDSCHEIDT: Astrologie. Hoffnung auf eine Wissenschaft. Innsbruck 1994.
WALTER LANG: Die Astrologie im heutigen Weltbild. Heidelberg 1986.
MARGARETHE LAURENT-CUNTZ: Ein Universalgenie und Deutschlands größter Dichter (Eine Studie zur Wirkung von Antiszien, zur Erkennbarkeit von Genie und Universalität im Horoskop …), in: Christoph Schubert-Weller (Hrsg.): Weisheit des Kosmos. Tübingen 2017.
WILLIAM LILLY: Christliche Astrologie. Zwei Bände. Tübingen 2007, 2008 (zuerst engl. 1647, 1648).

BRUNO MARTIN: Intelligente Evolution. Auf der Suche nach dem kosmischen Bewusstsein. Berlin 2006.

JIM MARRS: Die geheime Geschichte der Menschheit. Wie Wesen von fremden Sternen unsere Geschicke bestimmen. Rottenburg a. N. 2013.

RUDOLF MEWES: Die Kriegs- und Geistesperioden im Völkerleben und Verkündung des nächsten Weltkrieges. Eine astrologisch-physiologische Skizze. Leipzig 1896.

RUDOLF MEWES: Die Kriegs- und Geistesperioden im Völkerleben und Verkündung des nächsten Weltkrieges. Eine astrologisch-physiologische Skizze. Zweite, erweiterte Auflage. Leipzig 1917.

HERMANN MEYER: Befreiung vom Schicksalszwang. Astropsychotherapie. Wettswil 1989.

GEORGES MINOIS: Die Geschichte der Prophezeiungen. Düsseldorf 2002 (zuerst frz. 1996).

JAN MOEWES: Für 6 Euro 50 durch das Universum. Über Zeit, Raum und Liebe. Frankfurt am Main 6. Aufl. 2001.

Morpheus: Transformation der Erde. Marktoberdorf 2006.

GEORGE ORWELL: 1984. Wien 1950 u. ö.

P. D. OUSPENSKY: Tertium Organum. Der dritte Kanon des Denkens. Ein Schlüssel zu den Rätseln der Welt. Weilheim/Oberbayern 1973.

HANS PAASCHE: Die Forschungsreise des Afrikaners Lukanga Mukara ins innerste Deutschland. Hamburg 1921.

HORST POLLER: Die Philosophen und ihre Kerngedanken. Ein geschichtlicher Überblick. München 2010.

ALEXANDER VON PRÓNAY: Helfen Horoskope hoffen? Bietigheim 1973.

ALEXANDER VON PRÓNAY: Das große Transitbuch zur astrologischen Prognose. Bietigheim. 2., erw. Auflage 1983.

ALEXANDER VON PRÓNAY: Astrologische Direktionen, verständlich und praktisch. Bietigheim 1983.

ALEXANDER VON PRÓNAY: Die Prognose nach dem Geburtshoroskop. Bietigheim 1984.

ALEXANDER VON PRÓNAY: Die Deutung des Solarhoroskops und aller Grade des Zodiaks. Bietigheim 1985.

ALEXANDER VON PRÓNAY: Die große Partnerschafts-Analyse. Bietigheim, 2. Auflage 1990.

THOMAS RING: Astrologische Menschenkunde (4 Bände). Zürich 1956 u. sp. (Bände 1 bis 3), Freiburg 1973 (Band 4).

PETER RUPPEL: Maya 2012. Geheimes Wissen und Prophetie. Darmstadt 2010.

PETER RUSSELL: Die erwachende Erde. Unser nächster Evolutionssprung. München 1995.

KOMILLA SUTTON: Indische Astrologie. Grundlagen der vedischen Horoskopdeutung. Freiburg im Breisgau 2001 (zuerst engl. 1999).

KLAUS SCHARFF: Faszinosum Zeit. 50 und mehr Denkansätze zu einem der spannendsten Rätsel der Wissenschaft. Höhr-Grenzhausen 2017.

ERICH SCHEURMANN: Der Papalagi. Die Reden des Südseehäuptlings Tuiavii aus Tiavea. Buchenbach 1920 u. ö.

K. O. SCHMIDT: Der kosmische Weg der Menschheit im Wassermann-Zeitalter. Ergolding 1990 (zuerst 1971).

CHRISTOPH SCHUBERT-WELLER: *Die Kirchen und die Astrologie*, in MERIDIAN 1–3/1988.

CHRISTOPH SCHUBERT-WELLER: Spricht Gott durch die Sterne? Astrologie, Gesellschaft und christlicher Glaube. München 1993.

CHRISTOPH SCHUBERT-WELLER: Wege der Astrologie. Schulen und Methoden im Vergleich. Mössingen 1996.

CHRISTOPH SCHUBERT-WELLER: Verstehen und Erkennen in der Astrologie. Philosophische Fragen und Thesen. Tübingen 2011.

CHRISTOPH SCHUBERT-WELLER: Endzeit oder Übergang. Leben und Kultur, Zivilisation und Ziel am Beginn des Wassermannzeitalters. Tübingen 2019.

CHRISTOPH SCHUBERT-WELLER: Astrologie in den Anfangsjahren der Republik. DAV-Newsletter, 11/2017.

CHRISTOPH SCHUBERT-WELLER (Hrsg.): Weisheit des Kosmos. Tübingen 2017.

MARTIN SCHULMAN: Karmische Astrologie, Bd. 1–4. Sauerlach 1983/84.

ZECHARIA SITCHIN: Der zwölfte Planet. München 1987.

ERIK VAN SLOOTEN: Lehrbuch der Stundenastrologie. Freiburg im Breisgau 1994.

ERIK VAN SLOOTEN: Klassische Stundenastrologie. Ein Lehrgang zum Selbststudium. Tübingen 2008.

ERIK VAN SLOOTEN: Leitfaden der traditionellen Astrologie. Klassische Astrologie kurz und bündig. Tübingen 2017.

HERMANN SPORNER: Einführung in die Technik der »Hamburger Schule«. Hamburg o. J. (September 1978).

EVA STANGENBERG: Chiron im Horoskop. Die Brücke zum Selbst. Tübingen 2015.

OLAF STAUDT: Halbsummen in der Astrologie. Tübingen 2011.

KOCKU VON STUCKRAD: Geschichte der Astrologie. Von den Anfängen bis zur Gegenwart. München 2007 (zuerst geb. 2003).

ROBERT TRIVERS: Betrug und Selbstbetrug. Wie wir uns selbst und andere erfolgreich belügen. Berlin 2013 (zuerst engl. 2011).

MICHAEL UHLE: Die Fixsterne. Ihre Bedeutung in der Astrologie. Tübingen o. J. (Nachdruck der Ausg. von 1927).

JOHANNES VEHLOW: Lehrkursus der wissenschaftlichen Geburts-Astrologie (9 Bände). Berlin 1929 u. sp. (Nachdruck der Johannes-Vehlow-Gesellschaft Berlin 1986 u. sp. – online unter http://www.astrologie-chirologie.com/ astrologie_2.html).

IMMANUEL VELIKOVSKY: Welten im Zusammenstoß. Stuttgart 1951 (zuerst amer. 1950).

GERHARD VOSS: Astrologie christlich. Regensburg 1980.

SUE WARD: Das Fundament der Astrologie. Wie die alten Herrscher und die neuen Planeten zu ihrer Bedeutung kamen. Tübingen 2011.

LYALL WATSON: Das geheime Leben der Dinge. Warum Computer und Autos ein Eigenleben führen. Amerang 2013.

DAVID WILCOCK: Die Urfeld-Forschungen. Wissenschaftliche Fakten belegen alte Weisheitslehren. Rottenburg 2012 (zuerst amer. 2012).

Wörterbuch der philosophischen Begriffe. Hamburg 2005.

ANTON ZEILINGER: Einsteins Spuk. Teleportation und weitere Mysterien der Quantenphysik. München 2005.

HEINRICH ZIMMER: Abenteuer und Fahrten der Seele. Ein Schlüssel zu indogermanischen Mythen. München 1977.

Internet

https://www.astro.com/astrowiki/de/Carl_Gustav_Jung - Abruf am 20.07.2018.

https://www.uwtsd.ac.uk/ma-cultural-astronomy-astrology/ - Abruf am 20.07.2018.

https://keplercollege.org/ - Abruf am 20.07.2018.

http://www.astrologie-chirologie.com/astrologie_2.html - Abruf 07.03.2019.

https://www.doebereiner.com/muenchner-rhythmenlehre/ - Abruf am 07.03.2019.

https://gutenberg.spiegel.de/buch/kritik-der-praktischen-vernunft-3512/34 - Abruf am 20.11.2020.

https://www.astro.com/astrowiki/de/Nat%C3%BCrliche_und_Judiciar-Astrologie - Abruf am 28.03.2019.

https://de.wikipedia.org/wiki/Allgemeine_Naturgeschichte_und_Theorie_des_Himmels - Abruf am 28.03.2019.

https://de.wikipedia.org/wiki/Rosicrucian_Fellowship - Abruf 03.04.2019.

https://de.wikipedia.org/wiki/Jakob_Lorber - Abruf am 04.04.2019.

https://de.wikipedia.org/wiki/Allan_Kardec - Abruf am 04.04.2019.

https://www.astro.com/astrowiki/de/Pluto - Abruf am 20.11.2020.

https://en.wikipedia.org/wiki/Lisa_Morpurgo_- Abruf am 20.11.2020.

https://de.wikipedia.org/wiki/Transpluto - Abruf am 20.11.2020.

https://jd.saf.ch _- Abruf am 20.11.2020.

https://www.gwup.org/infos/themen/91-prae-astronautik/337-fehler-und-fehlinterpretationen-zecharia-sitchins - Abruf am 20.11.2020.

https://de.wikipedia.org/wiki/Immanuel_Velikovsky - Abruf am 20.11.2020.

https://www.astro.com/astrowiki/de/Guido_Bonatus - Abruf am 05.06.2020.

https://www.astro.com/astrowiki/de/Karmische_Astrologie - Abruf am 20.11.2020.

http://qualitaet-der-zeit.internet-astrozentrum.com/ - Abruf am 15.04.2019.

www.bigdata-insider.de/was-ist-kuenstliche-intelligez-artificial-intelligence-a-562354/ - Abruf am 10.07.2019.

https://de.wikipedia.org/wiki/Hans_Paasche - Abruf am 14.07.2019.

https://de.wikipedia.org/wiki/Cleverbot - Abruf am 18.07.2019.

www.cleverbot.com - Abruf am 15.07.2019.

https://archive.org/details/LeopoldEngel-Mallona.DerUntergangDesAsteroiden-planeten/mode/2up - Abruf am 20.11.2020.

www.top-astro.de - Abruf am 20.11.2020.

https://de.wikipedia.org/wiki/Galaktisches_Koordinatensystem_- Abruf am 20.11.2020

https://www.welt.de/wissenschaft/weltraum/article120293999/Wenn-ein-solarer-Supersturm-die-Erde-trifft.html - Abruf 04.03.2019.

https://lv-twk.oekosys.tu-berlin.de/project/lv-twk/002-sonnenfleckenzyklen.htm - Abruf am 05.03.2019.

https://de.wikipedia.org/wiki/Sonnenaktivit%C3%A4t - Abruf am 20.11.2020.

https://de.wikipedia.org/wiki/Terti%C3%A4r – Abruf am 26.08.2020.

https://www.astro.com/astrowiki/de/Theodor_Landscheidt - Abruf 20.09.2020.

Christoph Schubert-Weller

Aufbruch zur Freiheit

Der Neustart des Jupiter/ Saturn-Zyklus
173Seiten, Paperback, 12 Abb.
ISBN 978-3-89997-273-3

Am 21.12.2020 beginnt ein neuer Saturn/Jupiter-Zyklus im Wassermann, welcher den Verlauf der nächsten 20 Jahre bestimmen wird. Die Große Konjunktion galt schon in alten Zeiten als ein Markstein für eine historische Wende. Der Autor zeigt, was diese in Vergangenheit auslöste und welche Epoche derzeit zu Ende geht. Dieser Generationszyklus steht im Spannungsfeld zwischen Fülle und Beschränkung. Doch wie gestaltet er sich, wenn er auf 0° Wassermann eintritt? Mit diesem Buch können Sie Ihren eigenen zukunftsorientierten Bezug zu Jupiter und Saturn durchleuchten. Sie werden erkennen, wie sich Ihr persönlicher Neustart dieses Zweierzyklus im Zeichen Wassermann offenbaren wird.

»Zusammenfassend ist dieses Buch denjenigen ans Herz zu legen, die sich auf eine philosophische und astrologische Abhandlung über Elemente, Zyklen im Allgemeinen und Jupiter/ Saturn im Detail einlassen möchten. Der Blick über den Tellerrand ist jederzeit gewährleistet und macht das Besondere diese Buches aus.«

- Meridian 6/2020 -